GONZALES WALKS THE WORLD CHAOS

DARK TOURIST

丸山ゴンザレス

BY MARUYAMA GONZALES

世界の混沌《カオス》を歩く

ダークツーリスト

講談社

はじめに

〈こいつ、頭おかしい！〉

　2015年の正月、特番として放送された『クレイジージャーニー』[1]を見た人たちの反応が、次々とTwitter[2]に投稿された。

　番組内で、私が東南アジア最大のスラム街であるフィリピンのトンド地区を訪れ、ファストフードの残飯を再調理して販売する店の商品を口にしたり、臓器を売った人にインタビューしたり、銃を密造する村に潜入したりする様子が放送されたのだ。一連の行動を「どうかしてる」と評する何十件、何百件ものツイートが並んだ。あらためて自分の行動を振り返ってみても、視聴者のみなさんの感想はもっともだと思う。ただ、番組に寄せられたのは批判的な意見ばかりではなかったようだ。

　事実、予想を超える大きな反響を受け、『クレイジージャーニー』は同年4月よりレギュラー番組化したのだから、世の中は本当に恐ろしい。だが、Twitterを眺めていた当時の私には、そんな先のことなど知る由《よし》もない。騒然とするタイムラインも見飽きてしまい、スマホ[3]を置いて寝てしまった。

　誰かに「すごいね」と認めてもらいたくてやったわけじゃない、という妙な不満が

1　TBSテレビ系列で放送された深夜番組（のちレギュラー番組化）。一般的には「独自の視点やこだわりを持って世界&日本を巡る〝（クレイジー）ジャーニー〟たちがその特異な体験を語る、伝聞型紀行バラエティ」として紹介されている。だが、私こと丸山ゴンザレスから見ていると、番組を立ち上げた横井雄一郎氏が徹底的にこだわっていて、制作スタッフである氏が一番楽しめる番組になっているように思う。「スタッフのほうがクレイジー」と称される所以《ゆえん》はここにあるのだろう。

2　私のアカウントは@marugonです。気軽にフォローしてください。

心に渦巻いていた。だって、ただ知らない場所に行き、興味の赴《おもむ》くままに取材してみたかっただけなのだから。

初めて一人旅をしたのは16歳のときだった。とにかくなんでも知ってやろうという気持ちから、生まれ育った仙台《せんだい》から西へと向かい、出雲《いずも》を目指した。青春18きっぷを使った鈍行の旅。以来、まとまった休みのたびに日本を旅していくうちに、自然と海外へと目が向くようになった。猿岩石《さるがんせき》[4]のヒッチハイク、『深夜特急』[5]のドラマ化、タイ国際航空のCMの影響でタイ旅行者が増加。これらのブームが、高校から大学時代に巻き起こったのだ。むしろ海外に行かないことのほうが不自然に思えた。

やがて海外旅行にハマり出した私は、お手軽な値段で行けるという理由で、東南アジアに強く魅《ひ》かれていた。帰国するたびに仲間たちに武勇伝を語って聞かせ、20代の頃から仕事に折り合いをつけては渡航を繰り返す。

25歳で書籍を出版し、「旅行作家」とか「ノンフィクションライター」という肩書を持つようになった。いつの間にか、気ままな一人旅で体験したことを居酒屋で仲間たちに語るだけの状況を卒業していたのだ。その後、紆余曲折《うよきょくせつ》を経て編集者として出版社で働くようになった。独立後は、友人、知人の同業者から依頼され、現地ルポを書くため海外に行く機会が増えた。出版社に勤務していた頃から日本の裏社会や犯

3　海外で使用するiPhoneとAndroidのスマホはいずれもSIMフリー端末で、国ごとに使い分けている。こう見えて手先は器用なほうで文字入力は早いと思う。しかし、フリック入力は嫌い。

4　有吉弘行と森脇和成のお笑いコンビ。１９９６年、『進め！電波少年』のヒッチハイク企画で絶大な人気を博すも、２００４年に解散。

5　沢木耕太郎・著。文庫版は旅人の定番アイテムだが、私は大沢たかお主演のドラマのほうも結構好きで、放送当時は録画して繰り返し見ていたほどだ。

罪[6]についてよく取材していたため、海外でも自然と悪の魅力に引き寄せられてスラム街に足を運ぶようになっていた。

そろそろ、初めて海外に飛び出してから20年が経とうとしている。よくここまで〝危険地帯〟と呼ばれる場所を、誰かに強制されているわけでもないのに歩き続けて来たものだと思う。それもひとえに、ちょっとした好奇心が私の根本にあったからだ。

そんなわけで、好奇心の赴くままに旅を続けてきた私は、他人から多少「クレイジー」扱いされてもまったく気にならなかったのである。「このまま自分のペースで取材を繰り返していければいいな」「次はどこに行こうかな」と、特番放送後ものんびりと構えていたところ、番組を見た人からさまざまな疑問や質問が届くようになった。Twitterやメールで、イベント会場で、ときには路上で声をかけられ、「アレって本当なんですか？」と尋ねられることが増えたのだ。

どうやら、番組だけでは伝えきれなかったことがあるのではないか。そんな懸念が消えなかった。

そもそも、私が取材してきたジャンルは「ダークツーリズム」に分類されるもので、主に20世紀の人類の罪、たとえば戦争や紛争、大量虐殺、テロ、貧困、災害の現場となった負の遺産を巡る新たな観光スタイルとされている。日本では福島第一原発

6 ヤクザ、半グレ、密売、危険ドラッグなど、さまざまな分野に潜入取材を試みた。その成果をまとめた裏社会関連の著作では「丸山佑介」を名乗っている。これは、とある裏社会の人から「ゴンザレス？ はあ？ お前、ふざけているのか」とキレられたことがあったため自主的に改名した結果である。ちなみに代表作は『図解裏社会のカラクリ』『裏社会の歩き方』（いずれも彩図社刊）。

や東日本大震災の津波で被害を受けた地域を巡る旅も含まれることがある。

ダークツーリズムの参加者は、現場に行き、歴史を知って次の世代へと語り継いでいく必要があるとされる。とはいえ、世界の負の遺産についての基礎情報や周辺情報をよく知る人は、それほど多くないだろう。それに、限られた放送時間内で伝えられる情報にはどうしても限界がある。『クレイジージャーニー』を見て、私や、私の取材場所に興味を持ってくれた人のためにも、できる限り言葉を尽くし、詳細な情報を盛り込んで、伝える場所がほしい——。

そんな私の純情かつ、切なる願いが実を結んだのが本書である。人類の「闇」を見つめるために世界を歩く旅人、すなわち「ダークツーリスト」として、危険地帯や人類の負の遺産、そこに生きる人々を追いかけた旅行記であり、見方を変えれば『クレイジージャーニー』の裏日記でもある。

また本書は、私のルポに対して多面的な解説を加えたいと思い、番組を立ち上げ、演出を担当するＴＢＳテレビの横井雄一郎さんとの対談を注釈にも副音声的に挿入した。

『クレイジージャーニー』ファンの人も、海外の裏社会や危険地帯に興味がある人も、楽しんでいただければ幸いである。

世界の混沌《カオス》を歩く　ダークツーリスト　目次

第三章　ブラックビジネス最前線　131

第四章　スラム街を歩く　195

第五章　享楽都市の孤独　255

丸山ゴンザレスです。
世界中の危険地帯を取材する
ジャーナリストをしています。
ここ最近、世界中で様々な問題が起きていて、
でも、実際に何が問題なのかが
よくわからない人が多いようです。
私もわかった気になっていただけでした。
世界の暗部や闇と呼ばれる場所を
実際に自分の足で歩き、
根本的な問題はなんなのかを見てきました。
ゴ

私のルポを通じて、みなさんにも様々な問題を身近に
感じてもらいたいと思いました。

麻薬戦争
マリファナ合法化
テロ
難民

経済格差
貧困
ブラックビジネス
都市の闇

ザックリとでも知ることで、
明日から世界の見え方が変わるかもしれません！

世界の混沌《カオス》を歩く　ダークツーリスト

第一章 ドラッグでつながる世界

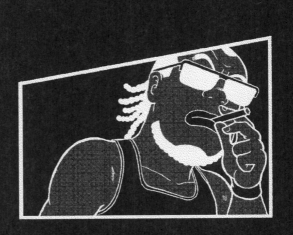

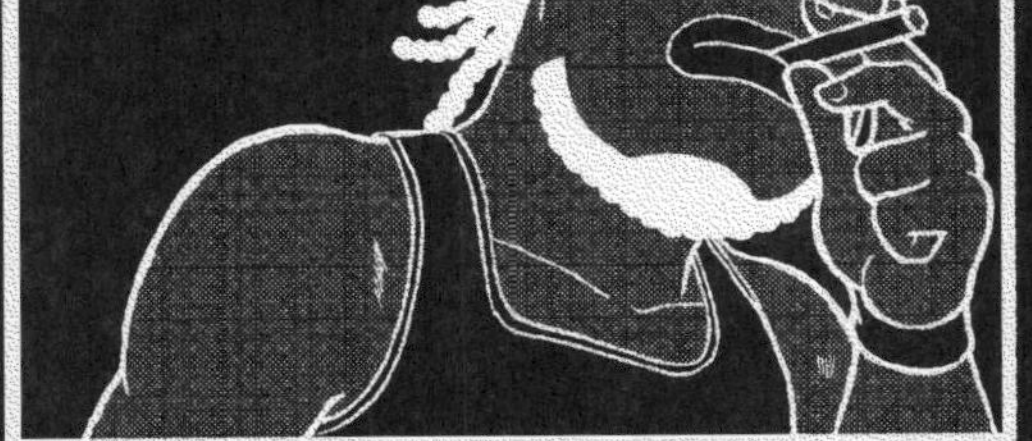

キーワード

マリファナ(大麻)合法化……マリファナの使用を法律的に認めようとする動き。現在、マリファナは使用目的が医療用と娯楽用の2種に大別されている。世界的に全面解禁を求める声が多い。また、刑罰が執行されずに実質合法化された国も増えてきている。

メキシコ麻薬戦争……メキシコで2006年頃から続く、政府と麻薬密売組織の連合体であるカルテルとの対立。もしくは、密売組織同士の抗争のこと。2016年だけで死者数が2万人を超えたとされ、シリアのような戦地以外では地上でもっとも危険な状況にあるという。

トランプ大統領……第45代アメリカ合衆国大統領。不動産王の億万長者として有名だったが大統領選挙では当初、泡沫候補と思われていた。選挙戦中や大統領就任後に過激な発言を繰り返し、世界中の注目の的になっている。ただし発言には一貫性がなく、その政治手腕を疑問視する声も多い。結婚相手の趣味は東欧系の美人で一貫している。

不法移民と壁……トランプ大統領の過激な発言に「不法移民を防ぐための壁を国境に建設する」「費用はメキシコ政府に払わせる」というのがある。この発言を受け、アメリカに入国する不法移民は駆け込み的に急増中で、壁もどうやら本当に建設されるという。

麻薬ビジネスの何が問題なのか?

薬物はそれ自体が健康に害をもたらし、強烈な依存症に陥る可能性がある。現在、世界で流通している麻薬を大別するとヘロイン、覚醒剤、マリファナになるだろう。このなかで、マリファナについて合法化を求める声が多く、カナダやオランダなどは実質的に合法化されている。問題なのは健康面だけではなく、違法な取引によって発生した利益が犯罪組織に流れていることである。それらのアングラマネーの一部はテロ組織にも流れており、間接的にだが多くの人を殺傷するための資金源ともなっているのだ。

１　ジャマイカ

マリファナ先進国ともいうべきジャマイカの実態を調査したい。そして、人々はどのようにマリファナと付き合っているのか、その生活実態もあわせて調べたい。

戦場以外でもっとも危ない場所

「いま興味のあることはなんですか？」

２０１５年正月の特番放送後、ＴＢＳの横井さんにこう聞かれた。局の11階にある社員食堂。その奥の喫煙席に陣取って遅めのランチを食べながらの、後《のち》に慣例となる「次にどこ行くんですか？」ミーティングでのことだった。

「メキシコの麻薬戦争ですかね」

「聞いたことがあります」

「ニュースでもよく流れているじゃないですか。マフィアが見せしめでバラバラにした遺体が放置されるとか」

「そこって危なくないですか？」

「うーん、戦地以外では、地球上でもっとも危ない場所のひとつじゃないかと思います」

「テレビカメラが同行するのは難しいですかね？」

「あんなところに取材に行くのは、本当に〝クレイジー〟ですよ」

いくら『クレイジージャーニー』といえども、麻薬戦争の取材は危険すぎるだろう——このときは笑って流したのだが、このミーティングをした頃から、約2年をかけてジャマイカ、アメリカ、メキシコをめぐる、マリファナ（大麻）合法化[7]と麻薬ビジネスの取材をスタートさせることができた。

取材を通して見えてきた、世界を取り巻く麻薬ビジネスの現状をご紹介したい。

マリファナ合法化に向かう世界

マリファナ合法化を取材するにあたって、まっさきに思い浮かべたのはジャマイカだった。ジャマイカには以前から興味があった。

ジャマイカを象徴するものといえば、レゲエ音楽のボブ・マーリィ、陸上のウサイン・ボルト、そしてマリファナだろう。別にレゲエやマリファナを体験したいというわけではない。旅行好き、それもかなりヘヴィな体験をしてきた旅人たちが口を揃えて、「あの国はヤバい！」と言っていたからだ。

「なにがそんなにヤバいのさ？」

当然ながら質問することになる。すると、「常識が通じない」とか「〝あり得ない〟

7　これまで違法とされてきたマリファナの所持や使用、売買を合法化しようとする動き。アメリカでは多くの州で住民投票により合法・非合法を決定している。現在、薬物関連の逮捕者の大半がマリファナに関するものである。世界最多といわれる囚人数を抱えるアメリカでは負担軽減のためにマリファナを合法化し、管理することで税収を見込んでいるという背景がある。

が当たり前」だからだという。

世界中を旅した連中が衝撃を受ける国。

どんな場所なのか興味が尽きない。だが、行くべきタイミングが見つからない。いつ行こうかなと思いながら、現地に住んでいる友人とのやりとりを続けていた。

あるとき、その友人とFacebookで連絡をとりあっていると、「ファーム（農場）とスラム街ぐらいなら行けるんじゃないか」という話になった。ちょうど同じタイミングでTBSの横井さんから「次、どこか行くとこ決まってますか？」と連絡が入っていた。さっそく折り返しで電話をかける。

「行きたいと思っている国はありますよ」

「どこですか？」

「ジャマイカです」

「それって……」

自身も旅好きである横井さんは、当然のことながらジャマイカに行くことの意味にピンときたようだ。

「取材したら面白いと思うんですよね。ギャングの仕切るスラムとか、後はマリファナ農場がですね……ん？　聞いてます？」

「聞いてますけど、どうしてそんなところに行きたいんですか？」

『クレイジージャーニー』では、スラム街を中心にした取材を紹介していた。そこにいきなり「マリファナを栽培しているところを見に行きたい」と私が言い出したのだから、横井さんが面食らうのも無理はない。

「ジャマイカに行ってみたい。それだけですよ、理由なんて」

　細かく説明するのも面倒なので簡潔に言った。

「そこに、一緒に行ってもいいですか？」

（はぁ……また勝手なことを）。私は「別に構いませんけど」と返事をしつつ、ただ、見たことのないような場所に立つときのことを想像していた。いままでにない体験ができるはず。決して、確証があったわけではないが、そう思っていたのだ。

　私はこれまで、世界各地で麻薬ビジネスについて取材してきた。だからといって、麻薬を使うことをオススメしているわけではないし、ましてや自分自身で使用することもない。ただ、日本を含め世界中で麻薬が流通していることは[8]紛れもない現実だ。

「日本に暮らしていて、一度も大麻に触れずに30歳になるヤツっているのか？」

　ある売人にそんなことを言われたのが裏社会を取材してきて印象的だった。おそろしく若いうちからドラッグに魅かれる人がいる一方で、本当に存在しているのかわからないというほど全く縁のない人もいる。どこにでもあるようで、誰でも手に入れられるものではない。つまり、ドラッグを「商品」として捉えた場合、それを扱うビジ

8　大麻は現在、日本国内で違法に流通している。毎年1500～2000人ほどが検挙され、未成年も100人以上（検挙者全体の6・9％）含まれている。なかには中学生もいる。（『平成27年における薬物・銃器情勢』警察庁刑事局組織犯罪対策部　薬物銃器対策課より）

ネスは、ずいぶんといびつになるのではないかと思ったのだ。

犯罪やアングラの世界を取材する者として、その実態を把握しておきたいと考えた。生産者、売人、消費者……麻薬に関わるさまざまな人々に接することで、いかにしてドラッグは「商品」として流通していくのか、これまで覆い隠されていた市場の姿がおぼろげながら見えてきた。

ここ最近、世界で大きな変化が起きているのが、マリファナ市場だ。とくにアメリカでは、医療目的や嗜好品として使用する場合のマリファナ合法化が進められている。２０１２年、ワシントン州の住民投票で使用が合法化されたのを皮切りに、２０１４年１月にはコロラド州で娯楽目的のマリファナ使用が解禁されるなど、合法化の動きは全米に広がりつつある。

２０１６年11月８日、ドナルド・トランプが当選したアメリカ大統領選挙の投票日、マリファナの解禁を問う住民投票が多くの州で実施された。その結果、カリフォルニア州、ネバダ州など、西部の各州で軒並み合法[9]となった。これでアメリカ国内の完全合法化は時間の問題と思われたが、大統領となったトランプは、マリファナの合法化には慎重な姿勢を見せているため、再び先行きは読めなくなった。

だが、これまでの流れが完全に断ち切られるわけではない。アメリカで進むマリファナ合法化の動きを追うことは、ドラッグビジネスで何が起きているのかを知ること

9　全面合法化は、アラスカ州、ワシントン州、オレゴン州、コロラド州、カリフォルニア州、マサチューセッツ州、ノースダコタ州、ネバダ州、アーカンソー州。
医療目的限定の合法化は、アリゾナ州、ニューメキシコ州、ミネソタ州、ミシガン州、イリノイ州、ルイジアナ州、ペンシルバニア州、メリーランド州、デラウェア州、ニュージャージー州、ニューヨーク州、コネティカット州、ロードアイランド州、バーモント州、ニューハンプシャー州、ハワイ州。

にもつながるだろう。

現在、麻薬は生産された国で消費されるという「地産地消」スタイルをとっていない。むしろ、輸出入を前提としたグローバルな商品となっている。ジャマイカやメキシコ、その他の中南米諸国、アフガニスタンなど別の大陸で生産された薬物の多くは、アメリカや中国のような大国に向けて輸出されている。もちろん違法であるから密貿易である。なぜ生産国の消費者ではなく、リスクを冒してまで外国へと運ぶのか。その理由は単純で、高く買ってくれるからである。金を出す人がいるから、そこに商品を届ける。商売の基本形にすぎない。

生産、仕入れ、消費という三者の関係は、本章で扱っているジャマイカ、アメリカ、メキシコ3国の関係においてとくに顕著である。この3国を取り巻く状況を把握すれば、麻薬ビジネスと世界的に進むマリファナ合法化への動きが見えてくるだろう。そして、その流れに日本だけが例外的に巻き込まれないなど、あり得るはずもない。そんな厳しい現実も同時に見えてくるはずだ。

マリファナ大国ジャマイカ

日本では麻薬の使用に対して世間から厳しい目が向けられている。[10] マリファナも麻薬の一種ではあるのだが、海外では、他の麻薬に比べれば比較的寛容に受け止められ

10　芸能人の逮捕は大きなニュースになるし、2016年11月に「大麻村」に住む22人が一斉逮捕された事件は記憶に新しい。

ていることは、ご存じの方も多いはずだ。たとえば、ハワイのワイキキビーチを夕暮れ時に歩いていると、「マリファナ、買わない？」と声を掛けられることがある。おおよそ無視するようにとガイドブックには書いてあるし、相手にしたらツアーガイドから注意されることは必至だ。もちろんこういう手合いに関わらないようにするのは間違っていない。ただ、私の場合、声を掛けられても無視せずに、話を聞いてみることがある。アングラビジネスを取材する身として、現物を見て、販売価格を知りたいという理由からだ。ただし、末端のプッシャー[11]を相手にしていても、生産から流通、販売までを生業《なりわい》とする供給側に接触することはなかなかできない。

私は世界各地を訪れるたびに小さな努力を重ね、自前のコネクションを作ってきた。おかげで何度か、ドラッグビジネスの最前線を直接取材するチャンスが巡ってきた。ジャマイカの「ガンジャファーム」を訪れ、農園主にインタビューすることができたのも、その成果のひとつである。

「いつか行かなきゃ仕方ないだろ！」と思っていたジャマイカ。その「いつか」は「今かもな」と思ったのが、２０１５年４月のことである。

いきさつは先述した通りだが、いざ現地入りしてみると、本当にマリファナ畑にたどり着くことができたのだから、運がいいと思う。

もちろん、友人の協力があったからでもあるが、事前調査は欠かせなかった。聞き

11 麻薬の売人のこと。

込みを重ねて場所を絞り込み、そのうえで、農園主と直接のコネクションのある人物に頼み込んだ。

こうして実現した農園主へのインタビューを前に、私の心の中では「とにかく面白い情報を引き出してやろう」とやる気が燃え盛っていた。

農園は、首都キングストンから、車で半日移動した島の西端にあった。

現地を案内してくれる人はいたのだが、それでも集落から外れて道の奥へと進んでいくことに若干の焦りはあった。というのも、以前、マリファナ畑に行き、銃を持った男に脅されて身ぐるみ剝《は》がされた外国人の話を耳にしたことがあったからだ。

そもそもが存在してはならない非合法の場所である。目立たない場所にあることぐらいは予想できるが、どんなに大声で叫ぼうとも助けの来ない場所であるかもしれないのだ。ドキドキするなと言うほうが無理である。

そうこうしているうちに我々を乗せた車は森に囲まれた開けた場所に着いた。堅気の人間を受け入れていない場所なのはひと目でわかった。金網でできたゲートに、まるでギャングのように威圧的な若者たちが数名立っていたからだ。

しかし、案内人が一声かけると、一気に緊張した空気はほどけ、ゲートを全開にして招き入れてくれた。

車を降りて10分ほど歩けば畑に着くと言われたが、20分、30分と経っても到着する気配もない。途中、休憩を挟んで1時間近く歩き続け、ようやく目的の場所が近づいたのがわかった。

なぜか？

有刺鉄線で囲われた一帯があったからだ。奥までは見通せないが、付近と異なり背の高い植物が育っている様子もない。

衣服にバラ線を引っ掛けないように慎重にくぐって中に入ると、そこには見たこともないような光景が広がっていた。

一面のマリファナだ。

どこまでも広がる青い葉っぱ。これが、すべてマリファナだとしたら……興奮がおさえられなかった。

「これって全部……マリファナ？」

「そうだ。全部、俺が育てている」

目の前の男は、あちこちが破れたよれよれのTシャツにハーフパンツ、スニーカーを履き、壮年と思《おぼ》しき年頃だった。農作業で酷使しているのだろう、頑強な肉体は真っ黒に日焼けしている。身なりからは貧しい暮らしをしているように思えるが、やけに若々しさが感じられた。

異国からの訪問者である私のことを警戒しているようだったので、まずは彼のマリファナとラスタファリズム[12]についての講釈にじっくりと耳を傾けた。本音を言えば、疲れていたし、何より暑かったのでとっとと終わりにしたかった。しかし、彼のように大規模な農園を持つ生産者と話す機会などめったにあるはずもない。なにか貴重な情報に繋がるヒントをしゃべらないだろうか。メモをとりながら、聞き漏らさないように注意した。

ひとしきり語り終えたところで、彼の対応が変わった。

「日本人はマジメだな。前に取材させろと言ってきたアメリカ人は、自分勝手な連中だったから気に入らなかったんだ。お前ら[13]は違うようだな」

そう言って、どこか感慨深そうな表情を浮かべた。たしかに、態度の悪い取材者は国籍に関係なくいるものだ。それでも同業であることには変わりないので、そんな連中と一緒にされるのも仕方ない。

「なんでもいいぞ、聞いてくれ」

謙虚な姿勢というのは言葉にせずとも伝わるもので、どうやら、こちらを気に入ってくれたということなのだろう。貧乏なオヤジにしては心が広いじゃないかと、内心では失礼なことを考えてしまっていた。それならば、遠慮する必要もない。ここからは私のターンである。

さっそく、マリファナ合法化についてストレートに尋ねてみることにした。

12　ジャマイカの労働者階級と農民を中心にして発生した宗教的思想運動。

13　『クレイジージャーニー』では、「丸山ゴンザレスの取材にディレクターが同行する」というスタイルをとっている。ディレクターがカメラマンを兼任するため、小型カメラを持って同行する。ほかに現地で通訳を雇うこともあるが、基本は私とディレクターの二人旅である。

ガンジャファームにて。マリファナの苗木に囲まれる

「これから世界の流れが合法化に向かったときに、あなたのような生産者は打撃を受けるんじゃないですか？」

「マリファナが法的に認められて、ジャマイカの連中が潤ってくれたらそれでいい」

彼はゆっくりと語った。続けて、自分たちの作るマリファナの品質には自信があるのだ、と言う。説得力のある言葉には妙に納得させられた。さらに、栽培している品種や、栽培のサイクルといったマリファナ農業について、質問を重ねていく。いちばん驚かされたのは、普段の暮らしぶりを聞いたときだった。

「休みはありますか？」

「年に2ヵ月だけな。雨が降るんだよ。その間は仕事にならないから休むことにしている」

「その間は収入がなくなりませんか？」

「まあ、身体は大事だし、家族との時間も必要だからな」

たしかにその通りだろう。雨季の間ぐらいは休養だって必要だ。

「休みの間って、何をされているんですか？」

「海に出てるよ。船を持ってるんだ」

「いいですね。どんな船なんですか？」

「クルーザーだけど。外海に出ることもあるから大きなやつさ」

が、外洋航行が可能な船って……。このオヤジ、金持ちなのか？　あれ？

「もしかしてだけど……」

小声で聞いてみると、ニヤッと笑われた。肯定ととっていいのだろう。身なりと財産は違うということのようだ。

金持ち農家だったとは……騙《だま》された！

いや、ここで憤るのはおかしい。むしろ見た目だけで判断して、勝手に貧乏だと勘違いしたのは私のほうだ。ジャーナリストとしての力量不足を痛感せざるをえない。

とりあえず、外洋航行できるクルーザーの使いみちが気になった。

「クルーザーは密輸にも使うんですか？」

「そういうことにも使うことはできる」

彼らが栽培するマリファナは、合法的に輸出されるわけではない。大半が「密輸」という形をとっている。

「だけど、私がやっているのは作るところまで。その後は別の業者の担当だ。とくに国境をまたいで運ぶ連中は昔から苦労しているんだ」

「そこなんですが、どうやって密輸しているんですか？」

「船と飛行機を使う。飛行機の乗組員を買収することもあるし、船体に取り付けることもある」

「船体って、外壁ですか？」

「外壁に特殊な磁石でくっつけるんだ」

「なんか映画みたいですね」

「もちろん完全防水で密封するけどな。濡れたら売り物にならない」

マリファナ大国のジャマイカといえども、国外に持ち出すのは相応のリスクと苦労があることがうかがえた。マリファナは国境をまたぐたびに価格が釣り上がっていくというが、それも納得できる。

ドラッグの流通方法を考える人々のことを「ブレイン」と呼ぶ。ブレインは常に、確実にかつ大量に運び出せる方法を編み出しては、密売組織に提案していくのだ。裏社会のアイデアマンが生み出したやり方は定着することもあるし、珍事件として世界中に報道されることもある。たとえばメキシコとアメリカの国境地帯では、機体に大量の麻薬が取り付けられた大型のドローンが墜落するという事件が起き、「新たな密輸方法」としてニュースで取り上げられていた[14]。

ちなみにこの男、50代だというが腹筋がバキバキに割れている。秘訣はラスタファリズムに基づき、オーガニックな食事をモットーにすることだそうだ。帰り際には、取材中終始汗だくになっていた私を呼び止め、「お前はもっとフルーツを取らないと死ぬぞ!」と言って健康を気遣ってくれた。その場では余計なお世話だと思ったが、帰国後、意識的にフルーツを食べるようになった[15]ので、少しは感謝している。

さて、ジャマイカのマリファナ栽培事情を収集していくうちに、はからずも密輸方法について知ることができたのだが、旅の達人たちが口を揃えるこの国の「ヤバさ」については、別の場所で実感することができた。それは、首都キングストンに点在するスラム街のひとつでの出来事だった。

スラム街で力を握っているのはギャングである。ただその地域を牛耳《ぎゅうじ》るボスに面

14　2015年1月。

15　現在のお気に入りは、ジャマイカで食べたヤシの実、東欧で食べたリンゴ、メキシコで食べたレモンとブドウである。主にコンビニのフルーツコーナーで購入している。

通しさえすれば、客人扱いを受け、安全にスラムを歩くことが可能だ。面通しがなくても歩くことはできる。ただし自己責任においてではあるが。

歩いていると「ウィード[16]あるぜ」「ガンジャどうだ？」「ここのマリファナは上物だぜ」とスラムの住人がなれなれしく声をかけてくる。

「取材で来てるんだ」

「それならサービスするから買っていってくれよ」

私が取材で来ていると伝えても、警戒されるどころか、むしろ熱心にセールスを仕掛けてくる始末。商売熱心といえばそうなのだが、ドラッグを扱っているという自覚がほぼないのだろう。

さらに、スマホを持っている連中からは記念写真の撮影を持ちかけられるという歓迎ぶり。

「日本人と写真を撮るのは初めてだ」

「俺の子供を連れてくるから待っててくれよ」

何人かは咥《くわ》えマリファナだった。

ボスの影響があるとはいえ、ジャマイカのスラム住人たちの気さくな一面を垣間見ることができた。ここまで気さくならば、多少踏み込んだ質問をしてもいいだろう。

「ワンパケ[17]いくら？」

16　マリファナのこと。

17　マリファナの販売単位。1袋のこと。量は業者によって異なるが、日本国内の場合、一度で使い切る量を詰めることが多い。1回の使用量の目安は0・2〜1g程度である。主に紙タバコ状に巻いたジョイントや、吸引器具を使って気化させた煙を体内に取り込む。効果の持続時間は1〜2時間程度。

「必要な分だけ包むよ」

「1ドル分でも?」

「もちろんだ」

「とりあえず、ちょっと見せてくれない」

「かまわないが」

手渡されたパケは500ジャマイカドル[18]だった。内容量からして、ジョイントが5～6本は巻けるだろう。先端に火をつけてタバコのように吸引する。街なかでも、見た目はタバコだが、実はマリファナを吸っているという人が多かったりするほど、ジャマイカはマリファナ天国なのだ。

現在のところマリファナの個人使用については罰金刑のみで、実質的に野放し状態となっている。その一方で人々はなぜかタバコについては厳しい立場をとる。

「ちょっと煙いぞ」

スラムではない場所だったが、私がタバコに火をつけて吸っていたときのことだ。

「すいません」

ジャマイカ人にたしなめられることもしばしば。中にはマリファナを咥えながら言ってくるヤツもいる。彼らの感覚では、タバコよりもマリファナのほうがよほど身体にいいという認識なのだ。正直、納得いかないが、これがジャマイカなのだと思って

18 日本円で約400円。

咥えマリファナが日常風景

飲み込むことにした。

「ジャマイカ人はドラッグはやらない」

取材をしていると、ときどき耳にした。ここでいうドラッグとは、マリファナ以外のハード・ドラッグのことである。ヘロインやLSD、クリスタルメスといったケミカルのハード・ドラッグをやるヤツは嫌われて、村八分にされてしまうのだという。

この国では、コミュニティを追い出される2種類の人間がいるという。それは、ケミカルをやるヤツと母親に手を上げるヤツだ。ヤク中と親不孝者はダメということ

副

横井 ジャマイカでは、ここまで撮れちゃうとは思いませんでした。日常的にマリファナの売買は行われているんだろうなとは想像がついたけど、畑は出てくるわ、ギャングが出てくるわ……。思い描いていたイメージや先入観を、大幅に超えてきましたね。

丸山 なぜマリファナ畑の農場主が撮影させてくれたのか、不思議ですよね。謝礼も払っていません。

横井 一応違法とされるものを栽培して、売りさばいているところを見せて、なんの得があるの？ と思ってしまいますが、日本の価値観では理解しきれないですね。もしかしたら、撮影されることをリスクとすら思っていないのかもしれない。

丸山 東洋の島国でのみ放送される番組ですし、気にしていないのかもしれませんね。ジャマイカに限らず、「日本だけで流れます」と言うと、OKが出ることはよくあります。

なのだが、どうもこんがらがってくる。

独特のルールで動くジャマイカ。彼らの行動は、私に新鮮な驚きを与えてくれた。

その一方で、コミュニティによって支えられているという濃密な人間関係の一端を垣間見ることができた。それは、この国に生まれて生きる人々にとっては欠かすことのできない関係性であると同時に、彼らを縛るものでもあるのだろう。

ギャングの抗争が絶えず、マリファナが生活の一部となっている危険地帯。刹那《せつな》的だが、幸せそうに過ごす人々の表情が印象的だった。

横井　ギャングもですか？

丸山　ウォーターハウス（第三章に詳述）のギャングもマスクで顔を隠して撮影に応じました。ウォーターハウスはジャマイカでも屈指のヤバいスラムなんですが、ボスには話をつけていなかったので、終始ドキドキでしたね。ただ、とにかく住民が陽気で明るいので助けられました。

2　アメリカ

ジャマイカなど周辺国から密輸されたマリファナが消費地でどのように扱われているのか。その実態を知りたい。

バイヤーに接触

アメリカへのドラッグの流入ルート[19]は、まずメキシコのティファナなどアメリカ南部・西部の国境エリアから密輸され、サンディエゴからロサンゼルスに集められる。

そこから裏の流通ルートに乗って全米各地に送られる。なるべく人口の多い大都市を目指すのは、それだけ需要があるからというだけでなく、原産地から離れれば離れるほど高く売りさばくことができるからだ。生産者や流通業者とは別の側面からドラッグビジネスを取材するため、ニューヨークのチャイナタウンを訪れた。

夜のチャイナタウンを徘徊しながら、私は友人から紹介された薬物小売業者の男からの連絡を待っていた。

マリファナが合法化されつつあるアメリカで、マリファナを使った商売をしている裏社会の商売人としての話を聞きたかった。しばらく待機していると連絡が入った。電話で指定された場所はチャイナタウンの奥まった場所にある少し古びたビル。メインの入り口はオートロックで、部屋の鍵もきちんとしたものだった。出迎えてくれたのは40歳ぐらいの中国系アメリカ人。

「ようこそ。お待たせしたね。日本から来たんだろ」

と、初めて訪問した日本人相手にも笑顔で対応してくれる。話のわかる相手のようだが油断はできない。

「それで、何がほしいんだ?」

「実はニューヨークでのドラッグビジネスについて聞きたいんだ」

私と彼の間に緊張が走った。気のせいではない。男の顔から笑みが消えていた。少

19

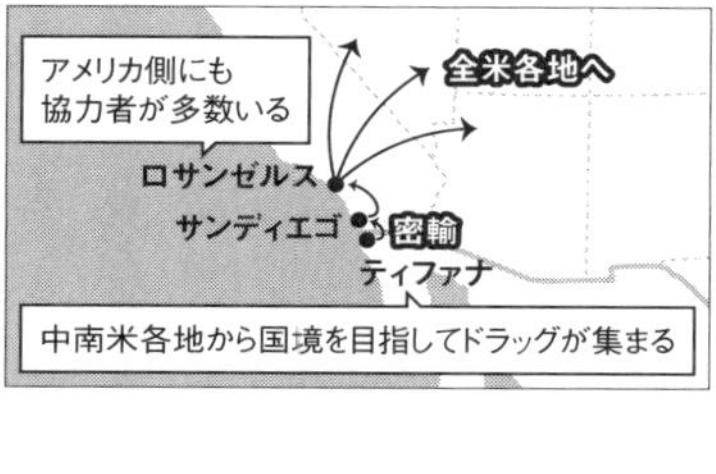

し私の顔を眺めると、男はパソコンの前に座り、何やら入力している。いったい何がしたいのか。

「これ、日本語でなんていうんだ？」

「？」

意味がわからないでいる私に男は追い打ちをかける。

「教えてくれ」

モニターには大麻樹脂の写真がいくつも映しだされていた。どうやらGoogleのイメージ検索をしていたようだ。

「ハシシとか言うかな」

「他には？」

「チョコとか」

「そうだ。それだ！　前に日本人から聞いたことがある。じゃあ、これはわかるか？」

それからピザやオイル、ヨーグルトドリンクなど、マリファナをベースにした違法な商品の日本語での呼び名や、日本での取り扱いについて聞かれた。私の答えは特別なところはなく、あくまで日本の裏社会一般常識の範囲に留《とど》まったものだったが、男は興味深そうに聞いていた。よくわからない問答を続けていると、まったく種類の違う画像がモニターに映しだされた。キリスト教のクロス、十字架だ。

雑然とした〝オフィス〟には様々な〝モノ〟が転がっている

「お前はクロスを踏めるか？」

「え……、別にいいけど。踏むぐらい」

実際に十字架を出されて踏めと言われればさすがに躊躇《ちゅうちょ》はある。しかし、これは何かを試されているような気がしていたので「問題ない」と返事をしておいたのだ。

「さすが日本人。クレイジーだ。やっぱり、お前は本当に日本から来たんだな」

なにやら嬉しそうに私の顔を見て肩を叩いてくる。推測だが、囮《おとり》捜査[20]と疑っていたのではないだろうか。もしくは新規参入のドラッグディーラーあたりか。いずれにせよ男の反応からわかるのは、私が審査を通過したということだ。

「で、何が聞きたいんだ？」

安心したのだろう。彼は咥えマリファナで質問に応じてくれることになった。内心「散々疑っておきながら、これで審査終了か

20 相手に犯罪を実行するような機会を作ったり、誘発させる捜査方法。この場合、私が捜査官だったとして、「売ってくれ」と言って相手が「どうぞ」と商品を出した時点で現行犯逮捕できる。ちなみに身分を偽って犯罪組織のメンバーになるのは潜入捜査である。

よ」とは思っていた。実際、目の前にいる男のほうがよっぽど怪しい空気を醸《かも》し出している。「ふざけんな」と言いたかったが、ここはグッとこらえて、ジャーナリストとしての顔を前面に出した。もちろん、取材だということがバレないように細心の注意は払いながらだ。

「あなたが扱うドラッグってどこから入ってくるんですか？　生産地は？」

「いろいろだよ。メキシコのこともあるし、ジャマイカだったり国内産もある。品質をみながら俺がセレクトしている」

「市場価格ってどんな感じなのかな」

「ワンパケで100ドルってところだ」

1ポンド[21]の大袋から取り出したマリファナを小袋に移しながら教えてくれる。日本よりは安いのだが、ジャマイカに比べればだいぶ高い。ここには当然ながら国境をまたいだ分の上乗せがあるのだ。では、現状の利益はどうなのか。

「儲かってます？」

「それほどでもないね」

「アメリカはいまマリファナが合法化されつつあるじゃないですか。そんななかで、こうした裏のルートでマリファナを求める客が来ると思いますか？」

「来るさ」

21　約450g。

自信満々に答える男の様子から、強がりでないことはわかる。

「なぜそう思うの？」

「この先、いやもういまだってマリファナはアメリカ人なら誰でも手に入れることができる。だからチャンスなんだよ。みんなが味を知ってるってことは、いいものと悪いものの違いもわかるってことだろ。だから品揃えやサービスがいい業者が選ばれる」

「完全にビジネスマンの発想ですね」

この男が示したのは、ドラッグに限らない商売の基本だ。

マリファナの大袋

「しかも、合法になってしまえば堂々と販売できるんだ。これほど歓迎すべき状態があるか？　ドラッグってのはアメリカに入ると金《きん》と同じような価値がつくんだ。品質とグラム単位で金額が決まる。いまのところ高値なのは希少性があるからさ。マリファナも、安い高いじゃなくて品質で選ぶ時代が来ると思う

副
丸山　これはディレクターさんが同行せず、僕だけで行きました。だから写真しかないんですが。
横井　動画を回すと、向こうもすごく警戒してしまいますからね。そこをゴンザレスさんのコネクションとフットワークで、ピンポイントで写真におさめられたのは、ディレクター同行取材ではできなかったことだと思います。

ね」

販売する側としては、マリファナの合法化がもたらす利益は大きいと思っているようだ。しかも、生産地によってブランド化されるマリファナがあるならば、それも揃えておきたいという。値段で購買意欲が削《そ》がれるような商品ではないと予想しているのだ。

彼の部屋を後にするときに「おい」と声を掛けられた。

「今日はマリファナだけでいいのかい？」

「ハードなのも扱っているの？」

「それはお前が客になるかどうか次第さ。とりあえず未成年には売らないことにしているけどな」

もちろん、私がドラッグに手を出すわけにはいかない。「せっかくだけど、結構だ」と告げて部屋を後にした。

この男が想定しているのは、マリファナが合法化されれば、客は次第に質の良さを求めるようになるということ。質の良いマリファナを取り揃えておいて、寄ってきた客にその他のドラッグを販売していく、という商売だ。なるほど、現在違法にマリファナを扱っているプッシャーたちにとって、合法化は必ずしも忌《い》むべきものではないのだろう。地下ビジネスは、生き続けていくということだ。

さて、麻薬の一大ビジネス地といえばメキシコであることは冒頭に述べた。今後、マリファナの合法化が進むのか、日本にはどんな影響があるのか。それを知るためには、どうしてもメキシコの現状を把握しておく必要がある。

私は、メキシコへと向かった——。

3 メキシコ

麻薬戦争の取材難易度は高い。簡単に実態を知ることはできない。とにかく現場で何が起きているのか知りたかった。

メキシコ麻薬カルテル

実は『クレイジージャーニー』がレギュラー番組化した際、TBSの横井さんにこの先にやりたいことを聞かれて「麻薬戦争の取材がしたい」と言った。そのときはリスクの高さからいったんは諦《あきら》めてしまった。しかし、ジャマイカ、アメリカ取材を経て、マリファナやドラッグが大きく世界を動かす流れに触れ、その中心ともいえるメキシコで何が起きているのか知りたくなったのだ。こうなったらメキシコに行くしかない。どうしても、メキシコに行きたいんだ！

そんな感じで、いざメキシコ行きを決めたはいいが、いったい誰に話をつけ、どこから準備を始めればいいのだろうか。「メキシコへと向かった――」と、かっこつけてみたものの、現実はそう簡単ではない。

軽く調べただけでも、現地では「麻薬戦争」と称されるほどの治安悪化が問題視されているという情報が目につくだけだ。血なまぐさいニュースは枚挙にいとまがない。

〈警察官が麻薬組織を恐れて全員辞職〉
〈就任翌日に女性市長殺害〉
〈弁護士がバラバラ死体になって発見〉
〈両手首から先を切断された男女6人が生きた状態で発見〉

これでは、さすがに二の足を踏むなと言うほうが無理だろう。私も正直に言ってビビってしまい、行きたくないという思いが強くなってきていた。少なくともまわりのジャーナリストで、メキシコ麻薬戦争の取材を成功させている人はいない。比べる相手がいないのだから、ヘタレと思われようと構わないではないか。そんな諦めにも似

ある日の新聞一面（カルテルによる殺人のニュース）

た気持ちになっていた。

　メキシコ取材の準備に行き詰まりを感じていたとき、ある映画の宣伝コメントの依頼がやってきた。ジャーナリストとしての活動に加えて、書籍編集なども手がける私のもとには、様々な仕事の依頼がくる。なかでも、この頃[22]に増えていたのが映画の推薦コメントの依頼だった。パンフレットやチラシによく掲載されている、「ラスト5分、誰にも結末は言わないでください」「いま、見るべき作品」といったアレである。

　そんなわけで、妙に押しの強い映画配給会社の女性から「ぜひともゴンザレスさんに見てもらいたい作品があるんです」と、映画『カルテル・ランド』[23]のDVDと資料一式を渡された。

『カルテル・ランド』は、メキシコ麻薬戦争をテーマにしたドキュメンタリー。この映画がフィクションでなくドキュメンタリーであるということは、いままさに同じテ

22　2015年初頭。

23　マシュー・ハイネマン監督、キャスリン・ビグロー製作総指揮で2015年に公開されたドキュメンタリー映画（日本公開は2016年）。メキシコとアメリカで結成された自警団に密着した。第88回アカデミー賞長編ドキュメンタリー賞ノミネート。ちなみに私は映画のパンフレットにコラムを寄稿している。

ーマを取材しようとしている私にとって思ってもみない幸運だった。この撮影を実現させたスタッフが、現地にはいるわけだ。

私はすぐさま彼女に相談した。

「メキシコの撮影スタッフを紹介してください」

彼女は私の無茶な頼みに応じてくれて、アメリカにいる監督にコンタクトをとり、メキシコ撮影ユニットを紹介してくれたのだ。

監督は、「日本で宣伝になれば」と協力してくれるという。さあ、ここからは私の領分である。

だが、ここで難関が訪れた。映画配給会社を通じた監督とのやりとりで、「スタッフはメキシコ人だからスペイン語で交渉してくれ」と伝えられたのだ。英語はともかくスペイン語で命がけの取材交渉など、正直、不安しかない。

（さて、どうしたものか……あ！）

一気に解決する算段を思いついた。いつも私の取材に乗っかってきているあの人たちに協力してもらえばいいじゃないか。ここは私のわがままを通すために多少の骨を折ってもらおう。それに前に話した際には、興味を持っているようでもあったし、お互いに悪い話にはならない、はず。

さっそくＴＢＳの横井さんに連絡を入れた。

「メキシコ麻薬戦争の取材なんですが、行けそうなんですよ」

「マジすか⁉」

『カルテル・ランド』の配給会社とのやりとりをかいつまんで説明する。

「それは、たしかに可能性が高いですけど……危なくないですか？」

「危なくはないんじゃないですかね。映画になるぐらいですから」

内心、安全でもないと思っていたことはいまに至るまで内緒である。

「そうですか。とりあえず、テレビカメラが同行してもいいのか、そのあたりって先方に確認できませんか？」

「そのことなんですが、私からもお願いがありまして……」

ここで提案したのは、テレビ局と私とで一緒に、先方とやりとりしようというものだった。どうせ、放っといても勝手についてくるならいまのうちからテレビ局を巻き込んでしまえばいい。スペイン語の問題も解決できる。

こうして、ＴＢＳの会議室から、メキシコ側の協力者たちと通訳を交えてスカイプしたり、メールでやりとりを重ねること２ヵ月。ようやく取材の目処《めど》がついたのだった。

交渉が難航していたときのスタッフの目が、「お前の取材に巻き込みやがって」と言いたげな感じで若干冷たくなってきていたので、なんとかまとまってくれてホッとした。

だが、本番はここからだ。

私が今回の取材で明らかにしたいことは、メキシコ麻薬戦争の根本にあるものの正体だ。麻薬をめぐり、組織はなぜ殺し合うのか。なぜ一般市民までが巻き添えにされてしまうのか。そして、麻薬戦争はアメリカをはじめとした世界各国にどんな影響を及ぼすのか、その関係についても知りたかった。

麻薬戦争の舞台へ

２０１６年5月、メキシコに向かう機内で私が読んでいた本は『メキシコ麻薬戦争』[24]だ。あまりにもそのままのタイトルだが、予備知識として知っておくべきことがよくまとまっていたのだ。

メキシコでは、ドラッグが生み出す巨大な利益を巡る争いが「麻薬戦争」と称されるほどに激化している。

アメリカへの麻薬密輸の拠点となっているメキシコでは、「麻薬カルテル[25]」と呼ばれる犯罪組織による抗争事件が多発している。メキシコには有力な麻薬カルテルがいくつかあり、それぞれが軍隊並みの武力を保持している。敵対組織間で利権を巡る抗

24　ヨアン・グリロ著、山本昭代訳、現代企画室刊、２０１４年。

25　麻薬の生産、流通、販売網を持つ犯罪組織の連合体。

争を繰り返しており、ときにはメキシコ軍との戦闘も行う。

すでに麻薬カルテルの抗争に巻き込まれた市民、警察、軍など12万人が犠牲になったとされているが、犯行グループが麻薬カルテルという表に出てこない性質の組織であるため、正確な数字はいまだにはっきりとしない。

ただひとつ明確なのは、麻薬カルテルがドラッグを販売する相手は、アメリカだということ。隣国アメリカでは、メキシコで生産される麻薬類の9割が消費されている。

「アメリカ人の大学生がハイになるために俺たちは作ってるんだ」

メキシコのドラッグビジネスに関わる人々はそんなふうに笑い飛ばしている。彼らの多くが麻薬カルテルに所属している。

1990年代にコロンビアのメデジン・カルテル[26]が弱体化したことで、メキシコ麻薬カルテルは飛躍的に勢力を伸ばしてきた。その結果、国を相手に戦争できるほどの武力を備えた軍隊式の武装集団[27]が組織された。

特殊部隊出身者の天下り先を麻薬カルテルが引き受けたことがきっかけだとされているが、もはや素人が武装したという程度のものではない。

圧倒的な暴力の矛先は警察や政治家はもちろんのこと、ジャーナリスト、一般市民にまで向かっている。むごたらしい状態で死体が放置される「見せしめ処刑」のニュ

26　コロンビアの麻薬密売組織。1970年代に活動を開始し、それまでの犯罪組織とは一線を画す強大なネットワークを築き上げた。おかげで世界の麻薬販売は巨大ビジネスへと発展。その利益をもって国家と戦争できるほどとなった。リーダーのパブロ・エスコバルは富豪となり、一時は議員としての顔も持ち、悪のカリスマとして知られていた。

27　パラミリタリーともいう。

ースは、たびたび世界中に配信され衝撃を与えている。

最近大きなニュースとなったシナロア・カルテル[28]のリーダー、エル・チャポ[29]ことホアキン・グスマンが、収監されていた刑務所からトンネルを掘って脱出したという事件[30]は、「カルテルのリーダー、どんだけ力あるんだよ！」と世界中から突っ込まれる結果になった。

地獄のように思えるいまのメキシコで、アメリカのマリファナ合法化はどのように受け止められているのだろうか。

アメリカ側の論理としては、合法的にマリファナを入手できるようになれば、メキシコから入ってくる違法なドラッグには手を出さないだろうというわけだ。はたして本当にそうなのか。

疑問とともに湧き上がる未知の舞台への抑えられない好奇心から、ロングフライトでも眠りに落ちることなく機内照明をつけながら資料を読み続けたのだった。

路上で死体発見

一瞬目を疑ったが、それは道路脇に転がっていた。

血まみれの男性の死体。

ピクリとも動くことのない男が倒れていたのは、メキシコシティの西に位置するミ

28 メキシコのシナロア州を中心に沿岸部とアメリカ国境エリアを拠点にするカルテル。メキシコ最大の犯罪組織とされている。

29 本名はホアキン・アルチバルド・グスマン・ロエーラ。麻薬組織の最高幹部でアメリカから名指しで「アル・カポネ以来の公共の敵」とされた人物。麻薬王として長者番付の常連でもあった。2度の脱獄の末に現在はアメリカで収監されている。

30 2015年7月11日にアルティプラノ刑務所（メキシコシティ近郊）からエル・チャポが脱獄した事件。もっとも厳しいとされる刑務所を脱出した手段が、1年をかけて外部から掘削された総延長1・5キロに及ぶトンネルだった。総工費は6億円以上と見られている。また、脱獄の際には特殊改造されたバイクを使って3分でトンネルを駆け抜けたとされている。

信じられない光景

チョアカン州[31]。州都のモレリアで案内をしてくれる、映画『カルテル・ランド』のメキシコ撮影ユニットのメンバーで、ジャーナリストのホセとダニエル[32]と合流し、州西部のヌエバ・イタリアへ向かう道中のことだ。

“事故”として翌日の新聞に掲載された

車から景色を眺めていると、突然国道の路肩に男性が寝転がっているのが見えた。

「死体!?」

思わず飛び出た言葉に車内が一瞬、静寂に包まれる。自分の言葉に信じられない気持ちはあったが、恐怖心は感じなかった。ただ、いま見たモノがなんだったのかを知りたい。

「戻って！　確かめたい」

通訳を通さず、独断で運転手に伝えていた。それでも反対する者はいなかった。

急いで現場に戻ると、目が潰れて頭から血を流した男の死体が無造作に放置されていた。作業着とジーンズの組み合わせで上等な服装はしていないが、違和感があったのは靴

31　メキシコ中西部にあり、すごく暑かったこと、農地があちこちにあったことぐらいしか印象がない。

32　『カルテル・ランド』を成功に導いたメキシコ人ジャーナリスト。ホセはスッキリとしたイケメンであり、ダニエルはスーパーマリオのような立派な髭をたくわえている。両者ともに「超」がつく健康マニア。炎天下で歩き回ったので休憩中にコーラを注文したら露骨に嫌な顔をしていた。2本目に手を伸ばすと「糖分の取りすぎ」と制され、ナチュラルなフルーツジュースに変更されたほどだ。ちなみに、この二人は食事をシェアしたり、ホテルの部屋が一緒だったりと、たいへん仲が良く、恋愛関係にでもあるのかと思っていたら、実は兄弟であり、その事実を知ったのは取材最終日だった。しかし、それ以前から健康を気遣った発言があるたびに「この健康兄弟が！」とは思っていた。

を履いていないこと。ここはハイウェイのど真ん中だ。靴を履かない男が路上で死んでいる理由はなんなのか。その場で判断を下すことはできなかった。ただ、無残な軀《むくろ》となった男の顔が脳裏にくっきりと焼き付いた。

気になる答えは翌日の新聞にあった。死因不明にもかかわらず事故として処理されたと報じていた。

「これは殺人ではないのか?」

いくらなんでも、それはないだろうという思いをホセとダニエルに伝える。

「事故だと報じているな」とダニエル。

「そんなはずないだろ。だったら根拠は?」

「財布がポケットに残されていたので、事故だろうということだ」

「いやいや、見ただろ。目が潰れていたし、なにより靴を履いていなかったんだぞ」

「うーん」

「あんな高速道路のど真ん中を裸足の男が歩いていて、事故に遭うなんて……誰も疑問に思わないのか?」

詰め寄る私に、ダニエルがこう言った。

「それはだな、ここがメキシコだからだ」

新聞の一面を見せてくる。そこには数体の遺体が見せしめとして放置されていたという記事が写真入りで掲載されていた。

「これがこの街の近所で起きていることだ」

自分が入り込んだ街の状況を否応《いやおう》なく突きつけられた気分だった。麻薬カルテル同士の抗争では、見せしめのため、バラバラにした死体を路上に放置したり、生首を道路上に並べるなど、残忍な〝処刑〟が行われる。今回の男性もどこかで拷問を受けた後、車から捨てられた可能性が高い……はずなのだが、それすら明らかにしても意味がないという空気が現場には漂っていたように思う。メキシコが直面している闇の深さ、犯罪の凶悪さがはっきり伝わってくる。なにより、そんなところに自分がこれから突っ込んでいくということに、いまひとつ現実感を抱けないままだった。

自警団は正義の味方?

さて、今回なぜこのミチョアカン州を取材先として選んだのか。それは、麻薬製造が盛んで、麻薬取引の要衝《ようしょう》として、麻薬カルテル同士の抗争の激しいエリアだからだ。

地元では「熱い土地」と呼ばれているそうだ。それが盆地特有の気候からであることはわかるのだが、現状だとむしろ「ヤバい」に近い意味での「熱い」なのではないかと思ってしまう。

訪れたミチョアカン州のヌエバ・イタリアは、一見平和な街という印象だ。中心部には大きなビルもなく、少し車を走らせれば広大なレモン農園が広がっている。どこにでもある田舎街といった風景ではあるが、そこで暮らす人々は穏やかではいられない。住人たちの中には、麻薬カルテルから高額の〝みかじめ料〟を徴収されている人もいるという。

イメージしていた麻薬カルテルのやり口とは少々異なるが、地元の人にとっては生きる糧を奪われるので、死活問題であることは間違いない。

そんな状況を見て、警察や国は何もしてくれないのだろうか。行政の怠慢ではないのか。

意識の高い日本人ならば、そんな疑問が出てくるだろう。私だってそう思う。当然ながら、地元住民たちも同じだった。

だが、いくら「責任者出てこい」と声高に叫んでみたところで、圧倒的な暴力を持つ麻薬カルテルが変わってくれることもないし、仮に政治家や行政が多少の動きを見せたところで何も変わらない。

そんなことは誰もがわかっていた。それでも住民たちは、行き場のない怒りと絶望の声を何度となく訴え続けてきたのだ。しかし、地元警察の力をはるかに凌《しの》ぐ麻薬カルテルを相手に何もできないのが実際のところなのだ。なんとも悲しいというか、やるせない現実ではないか。

警察が組織として機能する日本では考えられない現状だから、リアルに想像するのは難しいかもしれない。

それでも、家に押し入った輩が家族を拉致《らち》して、数日したら生首だけが届けられる。その窮状を誰も助けてくれない。訴える場所もない。もしくは、助けてくれそうな人がいても、「ごめん。連れ去った連中が強すぎだから無理」とあっさり却下されたとしたら。行き場のない怒りと、次は自分かもしれないという恐怖にあなたの心は支配されることだろう。そんな暮らしを強いられたら、まさに地獄ではないだろうか。警察というのは組織的に犯罪に対処できる力を持ってこそ、意味をなすのだ。

結局、ヌエバ・イタリアでは、麻薬カルテルの支配から街を解放するために立ち上がったのは軍でも警察でもなく、一般市民だった。

ヌエバ・イタリアでは2013年、医師のホセ・マヌエル・ミレレス[33]によって自警団が結成された。自警団は行政や警察の許可を得て武器を保持しており、ときには麻薬カルテルとの銃撃戦も行うという。

取材の過程で、メキシコのいくつかの都市で自警団に接触したが、ヌエバ・イタリアの自警団はとくに若者が多かった。なかでも印象的だったひとりのメンバーが語っ

33　医師でありながら自警団を立ち上げた人物。その後、活躍を続けたが突如事故にあい自警団のトップから降りた矢先に逮捕・投獄された。

てくれたことは、衝撃的な内容だった。

「近所の仲間数名と一緒にカルテルに拉致されたんだ。みんな拷問を受け、僕も指を石ですり潰された。僕は運良くひとりだけ救出されたけど、他の仲間はみんな殺された。カルテルに仕返しをしたい。だから、自警団に入ったんだ」

彼の目の奥に消えない怒りを感じ取り、麻薬カルテルの存在がいかに市民を苦しめているかを実感した。

私がヌエバ・イタリアを訪れたときに接触した自警団のリーダーを名乗るリノという大男は、有無を言わさない感じでピザを差し出してきた。地名からもわかるが、「イタリア人入植者によって作られた街なので、現在でもピザが名物だからピザを食え」というわけのわからない説明をされた。

あまりの脈絡のないもてなしに吹き出しそうになるのをこらえながら、炎天下で渇いた喉にピザを押し込んだ。味は良かったが、いまいち連中のノリにはついていけない。そんな私を、自警団のメンバーのなかでもひときわ小柄な若者が遠巻きに眺めていた。拷問されたと語った青年、クリスだった。彼が現在もまともに仲間とコミュニケーションをとることができないでいるのは、壮絶な過去があったからなのかもしれないというのが、インタビュー以降、おぼろげながらわかってきた。

ほかにも地元住民へ取材を重ねていくなかで見えてくることもあった。

副

丸山　実は僕、メキシコ編は全然うまく取材できなかったなと思っていて。何もわからなかった。混沌とした状況を、混沌としたまま紹介して、誰に聞いても答えがわからぬままで。なんだったんだ、この取材は……という徒労感が強かったんです。でも、放映を見たらMCの3人が「簡単にわかる問題じゃない」とまとめてくれていたんですよ。もし、僕が一人で撮ってきて、ドキュメンタリーとして公開しても、話題にも、問題提起にもならなかったんじゃないかなと思います。

横井　「よくわからない」というのが現実ですから、そのまま提示していいと思います。道端に死体があるのも現実。

丸山　死体発見は、驚きましたか？

横井　スタッフの間で衝撃が走りましたよ。ディレクターと電話していたら、「いまのところ大丈夫ですけど、今日はこんなものに出くわしまし

自警団のメンバー

自警団が麻薬カルテルと戦う正義の味方というイメージは間違ったものだと気づかされたのだ。

　街の人に自警団の印象を聞くと、「銃を持ち歩いていて怖い」とか「その質問には答えたくない」と言う。

　意味がわからない。多少の批判はあるものと思っていた。それは、カルテルを殲滅《せんめつ》できず、いまだに武装を解除できない自警団への批判の類いだと思っていたからだ。ところが、街の声の雲行きは、どうにも怪しい方向に流れていく。

　集めていた情報、街全体から自警団に向けられる視線や取り巻く

た」と死体の写真が送られてきたんですから。腐敗した死体ではなく、ついさっき殺されたばかりのようなフレッシュな死体です。「道端にありました。気を引き締めてがんばります」と言われましたが、もはやどう気をつけていいのか……。ホセとダニエルは、取材に関する実績はありますけど、武力的に守ってくれるかどうかは不安です。いままで何度も危険な場所を潜り抜けてきたけど、今回は本当にヤバいと思って、「最終的な判断は任せるが、危険を感じたらすぐに撤退してくれ」と言いました。

空気感からも察しはついている。ここから先に踏み込むことは、ヒーローショーの楽屋を覗き見するようなものかもしれない。子供の頃によく遊んでくれてカッコイイと思っていたおじさんが、実は無職のニートであるという素顔を知ったというか、隠された事実を知るというのは、とかく気まずいものだ。決定打だったのは、自警団の一斉蜂起のタイミングで麻薬カルテルと派手な銃撃戦になった現場を目撃したという街の女性の言葉だった。

「カルテルについて教えてもらえませんか」

「どっちのカルテル？」

このひと言で完全に不信感はひとつの線となってつながった。この街の人々にとって自警団とカルテルに違いはない。それは、武器を持っているから怖いといった単純な理由ではないのだ。

まず、自警団の中には、「許されし者」[34]と呼ばれる麻薬カルテルからの転身組がおり、最近では彼らが自警団内で主導権を握っているというのだ。

これでは、ライバル企業を買収するために敵対勢力を雇ってしまった挙げ句、その連中に会社を乗っ取られてしまうようなものではないだろうか。

34　カルテルの構成員のなかには組織を抜けて堅気になろうとする者もいる。彼らは「許されし者」と呼ばれているが、個人ではなく集団で組織から脱退し、自警団に所属しているために、純粋な動機による行動とは思われていない。

カルテルメンバーとの記念写真

真夜中の訪問者

すべての自警団ではないが、すでにカルテルの影響下にある組織も存在する。私が滞在していたアパチンガンという街の自警団と接触した際、組織の闇の部分に触れることとなった。

取材依頼をするために向かい合って座った交渉相手は、明らかに堅気には見えなかった。はっきり言って怖い。銃で武装しているからではなく、身にまとう雰囲気に独特のものがあるからだ。これは記憶にある、日本や他の国で出会ってきたヤクザやギャングといった裏社会に生きる連中と同種のもので間違いない。

そもそも私の依頼は「カルテルと自警団の関係を語ってほしい」というもので、拒絶される可能性はあれど、それほど難しい判断を必要とするものでもないはずだ。それなのに決定的な「取材拒否」にあたるような言葉は口にしない。こちらが自発的に諦めるように仕向けてくるのだ。

2時間近い交渉の末に、こちらから折れることとなってしまった。

すると、それまで渋い顔をしていた連中は、急ににこやかになって言った。

「記念に写真を撮ろう」

この言葉の持つ意味は、連中を見送った直後に判明した。

「いいか、ゴンザレス。さっきの写真の意味がわかるか？　我々はこの街で顔を知られすぎた。ここまでくると、交渉がうまくいくかどうかの問題ではない」

いつになく真剣な顔で話しかけてきたのは、「健康兄弟」の弟、ダニエルだった。ホテルの近くのタコス屋で夕食をとっていると、唐突に話しかけられたのだ。

「どういうこと？」

「これまで各所に取材目的を伝えてきた。そのなかにはカルテルメンバーへの直接接触も含まれている。そうだな？」

「そうだ。そのために日本から来たんだからな」

「ある意味では、その目的は半分達成している。なぜなら、連中に我々の存在は既に伝わっているからだ」

一瞬、自分の耳を疑った。むしろ、ダニエルが「ジョークだよ」と言ってくれるのを待っていた。しかし、期待する言葉は一向に出てこない。

「本気？」

「ああ。だから、これ以上こちらからアプローチしなくても連中のほうから接触してくるかもしれない。もしかしたら、真夜中に君の部屋のドアを叩く者がいるかもしれない。それが君の望む使者で、君の望む取材ができるかどうかは、彼らだけが知っている」

詩人めいた言い方も、むしろ恐怖を煽《あお》る材料にしかならない。

「気をつけるよ」

「そうしてくれ」

その夜のこと、すでに半分眠りに落ちていた私のところに来訪者があった。ガンガンと大きな音で扉を叩く。これは、まともな人間の出す音じゃない。そう判断した私は、「無視」することにした。もちろん、ダニエルの助言をふまえての判断である。あまりのタイミングの良さに、ダニエルの仕込みではないかとも疑ったが、扉を叩く音に混じって、男たちの話し声がしたのが決定打だった。

無視を続けるうちに眠りに落ちた翌朝。誰も部屋の前にいないことを確認すると、私はホテルの敷地の外れに来た。灰皿が置いてある喫煙所だ。昨晩の緊張から解き放たれようと、タバコを吸うことにしたのだ。

火をつけて大きく吸い込むと、体内にニコチンが染み込んでいくのがわかる。禁煙が当たり前になりつつある日本では疎まれるだろうが、それでも、この瞬間だけは心が弛緩していくような心地よさに包まれていた。だが、そんな心地よさが一瞬で消え失せた。

「お前、昨日そこの店でタコス食ってたろ」

耳元で英語で囁《ささや》かれた言葉に一瞬たじろぐ。声の方向を振り返ると、見知らぬ男が立ち去っていくのが視界に入った。追いかけることなどできずに、ただ、後ろ姿を見送るしかなかった。

何時に起床するかもわからない私の喫煙タイムにあわせて、きっちりと警告を発してきた男がいる。監視していることを暗示する脅し方は、マフィア独特のものである。これまで接してきた、一般市民から自警団に参加しているような人間では不可能だ。自警団メンバーのなかに、「元」あるいは「現役」のカルテルメンバーがいると見て間違いないだろう。

銃を突きつけられて脅される恐怖とは別種の恐ろしさを突きつけられた私は、朝から冷たい汗が背中を流れるのを感じていた。

いくらメキシコ人が適当なところもある国民性だとしても、コレはあってはならない。だが、滞在中に「許されし者」の害悪を証明するさらなる事件が起きた。

トラック炎上

取材中に驚きの知らせが入った。自警団のメンバーが銃の不法所持で警察に逮捕されたというのだ。「まさか!?」という思いと、「もしかしたら、それもありえるかも」という相反する思いが浮かんだ。いざ検察に向かい事情を聞こうとすると、厳重な警備が張り巡らされており、逮捕された自警団メンバーには接触できなかった。

その後、我々が接触していたヌエバ・イタリアの自警団から、潔白を証明するため

副 **丸山** 僕が一番ヤバいと思ったのは、自警団のメンバーが警察に捕まったとき。そのとき最初に決めた取り決めをホセとダニエルが破ろうとしたんです。そこで、彼らにとっても大きな事態が起きているとわかりました。宿も替え

煙を上げて燃えるトラック

に行動を起こすかもしれないという連絡が入った。当時、検察のあるアパチンガンという街にいたのだが、詳しい話を聞くため、深夜になっていたが移動することにした。

　自警団のいる場所へは車で1〜2時間ほどかかる。なぜこんな時間に移動したのかというと、検察で見た厳重な警備体制を考慮したのだ。もし翌日になって自警団の行動に警察が過剰に反応したら、我々は接触できなくなってしまう。

　フリーウェイをひた走っていると、前方から〝逆走〟してくる車とすれ違った。

て、荷物を全部持って出て行きました。別の街に着いたらトレーラーが燃えていて、映画みたいでしたよね。ディレクターさんはパニックになった群衆に殴られました。

横井　ホセとダニエルとは事前にスカイプで何度も打ち合わせをしましたけど、現地でもいくつかの注意事項を守るように言われたんですよね。

丸山　メキシコでは、自分の甘さも感じました。メス（覚醒剤）を作っている工場《キッチン》というものがあり、そこの人間に「中は見せられないが、お前が材料費を払うなら作ってやる」と言われたんです。1300か1400ドル請求されました。僕が自腹を切って頼もうとしたら、ディレクターさんに止められました。「作った後、ソレどうするんですか?」と。実は工場の周辺には、警察の検問だけでなく、マフィアの検問もあるんですよ。だから外部に運び出すだけで戦争の火種になりかねない。それを知っていたのに、見てみたいという気持ちが先

（おいおい……嘘だろ）

何かが起きている。交通事故じゃない。十中八九、カルテル絡みだ。ジャーナリストとしての直感である。

「ここで止まらないで、そのまま行って！」

車内で叫ぶ。同乗者たちも同じ思いだったようで、車はスピードを上げた。しばらくすると、前方に赤い光が見えた。巨大な炎だった。火元となっているのは、対向車線を塞ぐように停車した巨大なトラックだ。

「燃えてる！」

叫ぶと同時に車から飛び出した。

不謹慎かもしれないが、この瞬間、私は自分がいま麻薬戦争の戦場のド真ん中に立っているような気がして、テンションが一気に突き抜けたのだった。スマホを取り出して燃え盛る炎の温度が感じられる距離まで近づき、何度もシャッターを押した。

「戻って！」

同行ディレクターの怒声が耳に入ってくるまで、撮影を続けていた。

乗ってきた車に戻ると、そこには頭を抱えている人物がいた。年齢は50～60代。恰《かっ》幅《ぷく》のいいメキシコ人男性だった。

「どうしたんですか？」

走りすぎてしまいました。好奇心がほとばしりすぎるのはほどほどにしないといけない、と戒めになっています。これがメキシコ取材の反省点ですね。僕自身が客観視できなくなってきてしまうので、ディレクターさんと現場で話しながら取材を進めるのは大事だと学びました。

横井　ゴンザレスさんが危険を感じた場面はどこですか？

丸山　危険が見えないことですね。いわゆる裏社会という場所がなくて、危険性が人に属している。それも、完全に一般社会に溶け込んでいるから、美女が一人で普通に街を歩いている。でも、その風景にヤバい人がいるかもしれないんです。スラムとは違った危険を感じました。

「あいつらがやりやがった！　ここの住人たちを使って、俺に仕返しをしたんだ！」

興奮していて会話にならないが、どうやらみかじめ料などを払わなかった見せしめに、カルテルによって彼の車が燃やされたと言っているようだった。つまり、これはカルテルの敵対する人間への報復行為だというのだ。

「カルテルの連中は何か事件が起きると、それに乗じて行動を起こすことが多い。これもそのひとつだろう」

ダニエルの言葉に疑惑が確信に変わる。

カルテルは自警団に駆逐された、という前提が間違っていた。勢力を削がれたことは間違いないだろうが、ある程度の力を残したまま、地下に潜っていたのだ。そして自警団やその周辺の動きを注視していた。

一方、自警団は地元の人々にカルテルと同一視され、恐怖の対象となっていた。その背景には「許されし者」に主導権を奪われ、非合法な活動を展開していた自警団の存在がある。取材中にはわからなかったことだが、自警団のなかに「許されし者」だけではなく、現役のカルテルメンバーも加入していることは、すでに実感として確信している。

いったいなぜ元、あるいは現役のカルテルメンバーが自警団に参入したのか。そこには、ドラッグビジネスの利益第一主義がある。

初期の自警団の活動には、一定の効果があった。カルテルを街から追い出し、平和を市民の手に取り戻すことができたからだ。だが、カルテルの消えた街にはドラッグの密売利権だけが残された。そこに警察黙認で組織化し、武装も許された自警団だけがいるとどうなるか。ドラッグビジネスを牛耳るために自警団に参加する者もあらわれ、さらに自警団そのものが密売に手を出すことすら起こり始めたのだ。

もはや、カルテルと悪に堕《お》ちた自警団の区別は存在しない。こんな現状を警察が見過ごすはずもなく、警察が自警団の取り締まりに動いたのも納得できる。

トラック炎上事件の翌日、ヌエバ・イタリアで再会した自警団メンバーのリーダーであるリノは、「我々は潔白である」と主張した。

だが、この数日の出来事があるだけに、そんな言葉を鵜呑《うの》みにはできない。

「自警団のなかには犯罪に加担している奴らがいるんじゃないのか？」

「たしかに、犯罪に走っている連中はいる。だが、それは一部だ」

あっさりと認めやがった！　こちらの困惑をよそにリノは続ける。

「いいか、この街の治安はいまだに悪いままなんだ。そこを俺たちが守っている。必要なんだ」

必要悪。その存在意義は十分にわかる。しかし、警察から一部銃器の携帯を許可されたのをいいことに、ドラッグビジネスに手を出す者がいる。自警団までが麻薬カルテル化し、誰が味方で誰が敵かもわからないカオス状態。麻薬ビジネスを巡る抗争はさらに混迷を深めたままなのだ。

国境の壁をすり抜ける麻薬

メキシコのドラッグ市場の規模はいかほどのものなのか。正確な規模は判明していないが、『メキシコ麻薬戦争』の著者でもあるジャーナリスト、ヨアン・グリロによれば、マリファナに限って見れば20億ドルだという。だが、ヨアン自身がこの推計に疑問をもっているように、あくまで卓上の試算なので、額面通りに受け取ることはできない。私は、もっと巨大な規模であると思っている。というのも現地を取材して、麻薬ビジネスがメキシコの貧困層に深く根付いた産業であるという現実を目の当たりにしたからだ。

麻薬カルテルが生産しているドラッグは多岐にわたるが、主だったところではコカイン、クリスタルメス、マリファナである。とくに最近の主流はクリスタルメスであろう。これは薬品を調合した合成麻薬の一種で、日本でも流通している覚醒剤に近いものである。

「メスはアメリカに送るし、マリファナも輸出するよ。ただ、マリファナの場合はメキシコ人も吸うけどね」

メキシコの麻薬事情に詳しく、カルテルについても詳しいメキシコ人医師はこのように指摘していた。もしアメリカでマリファナが合法化されたら、メキシコから「輸入」される量は相当減少するだろう。麻薬カルテルが販売するマリファナの売り上げが落ちて、組織が弱体化すると予想する有識者もいるようだ。アメリカが合法化を急いだ背景にはこうした事情があったとまでいわれている。

また、メキシコの麻薬問題は、アメリカ国内の問題とも大きく関わっている。メキシコからの移民や不法移民は年々増加しているが、彼らが越境してくる理由のなかには、麻薬カルテルの活動によって国内の治安が悪化していることも挙げられている。そして、不法越境者たちが運び屋となり、多くの麻薬がアメリカに持ち込まれている、という事情もある。

アメリカ大統領として過激な弁舌を振るっているドナルド・トランプが選挙戦で「メキシコとの国境に壁を作る」ことを公約として掲げたのも、こうした不法移民を防ぎたいという民意を意識したものだった。

密輸といっても、メキシコからの場合はアメリカの国境を越えるときにだけ警戒すればいいので、他の国から運ぶよりは随分とリスクが少ない。そう考える越境者たちが次々とアメリカにドラッグを持ち込んでしまえば、米国内に〝安定的に〟ドラッグが供給されてしまうわけだ。トランプならずとも懸念するだろう。しかし、供給を止めようにも、メキシコはカナダを含めた北米自由貿易協定に参加しているため、ドラッグ以外の物流の往来も盛んで、もはやドラッグをストップするためだけに壁を作ったり輸出入を制限するというのは、現実的には不可能といっていい。

メキシコで取材中、長年このテーマを追いかけているという現地ジャーナリストと話す機会があった。現地の新聞に麻薬カルテルに対して批判的なコラムを掲載するなど精力的に活動してきた人である。彼にアメリカのマリファナ合法化の動きは、麻薬カルテルに対して効果的な牽制になり得るのか聞いてみた。

「それは、ナンセンスな質問だと思うな」

「どういうことですか？」

「メキシコの麻薬カルテルは、これをチャンスと見ているよ」

「チャンスというのは？　アメリカでおおっぴらにマリファナが販売されるのは麻薬カルテルにとって不利益でしかないと思うのですが」

私の質問に対して男性は「またナンセンスなことを」と言いたげな表情を浮かべた。若干、バカにされた感じで私の意見が否定されているのはわかったのだが、肝心の答えを聞くまでは納得できない。というのも、マリファナ合法化によって麻薬カルテルが弱体化するという流れは明白に思え、私にとってもここまで追いかけていた麻薬問題の根幹を成すフレームのひとつと言えるものだから、簡単に否定されては困る。もったいつけずにとっとと結論を言ってほしいと思っていた。甘い意見だったらこちらも否定する気満々だった。

「いまメキシコではマリファナは違法じゃないことを知っているか？」

「それは、限定的な認可ですよね」

メキシコでは、単純所持や個人使用のためのものであれば、実質的に罪に問われないことになっている。[35]

「いまアメリカに流通しているマリファナのかなりの割合をメキシコ産が占めている。ロスを経由して全米に行き渡る。全米総量の半分ぐらいとする説もあるぐらいだよ。密輸されていてこの現状だよ」

「国境で没収されることもあるわけですもんね」

「そうだよ。国境警備は常に目を光らせているから。でもブレインたちは次々に新たな密輸方法を考えていく。ドローンを使った密輸なんかもその一種だよ。そうやって行き渡ったマリファナがどこで生産されたかなんて考えられないだろうさ」

「カルテルがチャンスと見ているというのは？」

「ビジネスとして考えている、ということだよ。アメリカだけでなく、メキシコも全面的なマリファナ合法化の方向に傾いている。このまま認められたら、彼らは合法的

35　２０１５年11月、ＳＭＡＲＴという団体がマリファナの合法化を求めて訴訟を起こした結果、「嗜好品として個人用に栽培し消費することを認める」という判決を最高裁が出した。

に土地を取得して、多くの人間を雇用してメキシコをマリファナの一大生産拠点にするつもりだ。それを実現できるだけの資金や人、栽培ノウハウを持っている。だから、マリファナの合法化はカルテルにクリーン(合法的)な資金を与えるだけなんだ」

高品質のマリファナが大量生産できるとしたら……。私はニューヨークのドラッグディーラーが「品質さえ良ければ高単価であっても売れる」と言っていたことを思い出した。麻薬とは合法、違法にかかわらず品質が求められるものなのだ。「良質な」マリファナを供給するメキシコのカルテルは、さらなる富を手にすることになるだろう。また、アメリカの合法化の動きには、マリファナの流通ルートを透明化して、それに課税したいという思惑も見え隠れしている。酒とマリファナは直接リンクするものではないが、すでに合法化されているコロラド州ではアルコールからの税収よりも、マリファナからの税収のほうが上回っているという。アルコール類も安酒だけが売れるわけではないことを見れば、嗜好品に対して人々が何を求めているのかは明らかだろう。このジャーナリストは次のように締めくくった。

「犯罪組織に資金が流れるのはいいことじゃない。しかし、悪いことばかりでもないと思うんだ。麻薬栽培の現場で働く人たちはただの農民であって、犯罪に加担している意識はない。そんな彼らを従わせるために銃を持つような連中が減ってくれたら、いい方向にいくと思うんだ」

欧米の潮流は日本を動かすか

マリファナ合法化が、薬物中毒者を減らすとか、マフィアの資金源を断つ結果になるとか、プラスだけをもたらすとは思えない取材結果となった。「ドラッグビジネス」がこの世界の未来にもたらすものは、安定なのか崩壊なのか、それもいまだに断言することはできない。ただ、アメリカが動けば世界が動く。それは紛れもない事実だ。

アメリカで医療用にマリファナが合法化されるならば、密接な関係にある日本の製薬業界とて、無視し続けていられるはずもないだろう。カナダも2017年に合法化に舵をきることを発表しており、北アメリカがマリファナの巨大市場となることは疑いようもない。巨大市場が誕生することで、ある日突然「大麻成分が入っています」と表示された商品が世界中のスーパーマーケットに並ばないとも言い切れない。

日本ではドラッグについての「タブー意識」が非常に強い。マリファナ合法化に関する議論でも、効果や副作用といった個人使用の問題点ばかりがフォーカスされ、アメリカをはじめとした先進各国が合法化に進んでいる現実から目を背けているだけのように思えてしまう。日本の行方を見極めるためにも、メキシコやアメリカで起きていることを遠い国の出来事として切り捨てず、注視し続けていくべきだと思うのだ。

取材後記――トランプ以降の世界

さて、ここまでドラッグビジネスについて冷静にまとめてきたつもりだが、「二度とやりたくない」というのが、取材を終えたときの正直な気持ちだった。それもそのはずで、麻薬カルテル拠点滞在中は、終始プレッシャーにさらされて、身も細る思いだった。まあ、痩《や》せなかったけども。

しかし、濃密な取材によって知ることができた情報をあらためて整理していくと「もっと知りたい」という気持ちが湧き上がってくるから不思議なものだ。

メキシコでの取材を終え、小型機でミチョアカン州からダラス空港に向かう途中、「二度とくるか！　アディオス」と呟いたあのときの気分は、すっかりどこかへと消え去っていた。以降『クレイジージャーニー』でもドラッグビジネスはたびたび取り上げられ、私のライフワークともいうべきテーマとなっていく。

当時のアメリカ大統領はオバマ。この当時は、だれもトランプが大統領になるなんて思ってもいなかった。

トランプ当選後の大きな変化は移民政策や不法移民への圧力だ。とくに不法移民への処置は苛烈を極めている。意外かもしれないが、もともとアメリカは不法移民に対して寛容だった。凶悪な犯罪でも起こさない限り、住むことも働くことも、納税することも認めている。しかも、不法移民がアメリカで子供を産んだ場合、その子には正式なアメリカ国籍が与えられるのだ。あくまで、「トランプ以前のアメリカ」においてではあるが。

さて、アメリカのいわゆる不法移民には、ヒスパニック系、それもメキシコ人が非常に多い。アメリカの一部の白人には、メキシコからの移民が治安を悪化させ、雇用を奪っていると主張する人もいる。もちろん、その側面もないとは言い切れない。しかし、巨額の予算をかけて国境に壁をつくることが両国のためになると思っているのだとしたら、それはいかがなものかと言いたい。

本章で取材してきたように、犯罪者は麻薬を押し売りしているわけではない。麻薬へのニーズがあり、そこに必要な商品やサービスを提供しているにすぎない。ただ、方法や扱う品物が違法であるというだけなのだ。

つまり、トランプが壁の建設を強行したとしても、アメリカとメキシコ、双方の「無法者」が協力すれば、いともたやすく乗り越えられてしまうということだ。事実、2016年ごろからカリブ海の島々を経由した新たな麻薬密売ルートが生まれているという話も耳にしている。

将来、国境に建造される壁が負の遺産を象徴するモニュメントにならないよう祈ることしかできない。

第二章

難民、貧困、ヨーロッパ下流社会の現実

キーワード

難民……自分の国にいると迫害される恐れがあるため他国に逃げた人のこと。現在、世界中で問題になっているのがシリア難民である。ヨーロッパに押し寄せる数の多さから現代の民族大移動と例えられることもある。

不法移民……正規の手続きを経ずに他国に入国、滞在している人々のこと。「難民」と同一視されることもあるが、多くの場合、出稼ぎ目的の人々を指して使われる。ただし、それぞれの抱える事情を見ると、「難民」と変わらない背景を持つ者も多いので、用語として「難民」との使い分けをするのは難しいときもある。

貧困層……貧しい暮らしをしている人たち。世界銀行は1日1.90ドル以下で生活する層と定義している。現在の貧困問題は根が深く、一度貧困層に落ちると、抜け出すことはかなり難しい。子の世代、孫の世代まで脱出できないことがほとんどとされている。

ヨーロッパで何が起きているのか?

シリアなど、紛争に見舞われている国から、安全な暮らしを求めて多くの難民が流入出、彼らの受け入れを巡ってヨーロッパ各国の意見が割れた。流入した難民や移民のなかからテロリストが生まれるなど、危機的な状況に直面しているからだ。2016年には国民投票によりイギリスがEUからの離脱を決定した。EU内における国境と経済の自由をうたってきたヨーロッパに亀裂が入っている。

1 ルーマニア

世界でも珍しいスラム形態「マンホールタウン」を自分の目で見る。そして、なぜマンホールで暮らしているのか住人に直接話を聞きたい。

貧困、底辺、難民。

誰もがそこに落ちることなど望んでいないだろう。しかし、世界は理不尽で、突然、私たちを深い闇に叩き落とす。あるいは、生まれついた環境が原因で、悲惨な生活から抜け出せない人もいる。貧しさにあえぎ、生まれ育った土地を追われる。そんな人たちが世界には存在している。

では、貧しい地域といって思い浮かぶのはどこだろうか。アフリカ、アジア、南米――もちろん、これらのエリアでの貧困問題は深刻だ。しかし、先進的なイメージで語られることの多いヨーロッパにも、国家の歪みから悲劇が生じ、格差がいまも根強く残っている。本章ではヨーロッパの貧困層や難民といった、日本人がなかなか踏み込むことのできない下流社会の現実について紹介していきたい。

ブルース・リー逮捕の衝撃

〈ブルース・リー逮捕〉

２０１５年7月のある日、Twitterのフォロワーが私にこんなニュースを教えてくれた。ブルース・リーといっても、香港の映画スターのほうではない。ルーマニアの「ブルース・リー」。首都ブカレスト在住の、太ももに「下水道の王」とタトゥーを入れた40代の男のことである。本名は知らないが、この男に話を聞くために、私はルーマニアへと飛び、彼の住処《すみか》にお邪魔させてもらったことがある。

ブルース・リーが暮らすのは、マンホールタウン。『クレイジージャーニー』ではそのように命名していたが、すなわち地下住民の生活空間だ。「マンホール」から想起される薄暗さと、「タウン」という言葉のもつ相反する近代的な響きが共存する場所がルーマニアにあると知ったのは、取材に入る何年も前のことだった。

「うおおお、すげえ！」

「カッコいい！」

「最先端のクラブみたい」

思わず叫んだのは、後輩の家でネットサーフィンをしているときだった。雑談をしながら話の種になりそうなことを検索する。そんな最中に〈ルーマニア地下世界がすごい〉と題した特集記事がヒットした。

「住人全員がＨＩＶ保持者」「ドラッグが食事」といった文句で煽るまとめサイトに掲載された写真に、目が釘付けになった。マンホール内部にもかかわらず、きらびやかで派手な雰囲気で、旧共産圏特有の地味で質素なイメージを裏切るものだった。

酒を飲みながらということもあってか、やけにテンションが高かった私たちは、一見おしゃれなクラブにも見えるマンホール内部の写真を夢中になって見つめていた。

いつか行ってみたいと思っていた場所に行くチャンスというのは不意に訪れるもので、２０１５年の正月に放送された『クレイジージャーニー』の特番終了後、演出を担当する横井さんから連絡が入った。番組がレギュラー化するので、一発目に持ってこられるようなインパクトのある取材があれば同行を前提に進めませんか、と言う。こっちは日々取材先を探しているというのに、お手軽に言ってくれるものだ……と、愚痴ってしまいそうになったところでマンホール内部の写真が頭に浮かんだ。

「あのですね、実はルーマニアにマンホールタウンというのがあるんですが……」

説明をしながら、横井さんに伝わっているのか不安だった。案の定、横井さんの頭上には「？」と疑問符が浮かんでいるのがありありとわかる。

「だからですね、マンホールに人が住んでて、そこがクラブみたいに装飾されたおしゃれな感じでして」

「人が住んでるんですか？　マンホールに？」

「そうです。マンホールに住んでます」

「そんなことしていいんですか？　警察に捕まっちゃいませんか？」

「疑問はごもっともなんですが、それが現状ですから……」

「理解できないんですが、何かすごそうですね」

反応は芳《かんば》しくないが[36]、まったく興味がないわけでもなさそうだ。

一方の私はといえば、マンホールに行くことしか考えていない。別にカメラが来るとか、来ないとかの問題ではない。もともと自分で行くつもりだったわけだし、これをきっかけにして行ってしまえばいい。

「俺が取材したいだけなんで、行ってきますよ」

「そうですよね。それが仕事ですもんね」

横井さんが妙にテンションを落としていたが、その後のやりとりでわかったのは、現場に行ったことがある人がいないので、現状がほとんどわからない。もしかしたら案内してくれる人がいるかもしれない。そんな不確かなことだけだった。

それなのに横井さんは同行したいと申し出てきた。テレビ業界のことはわからないが、いまにして思えば、「何が撮影できるのかわかりません」という状態で同行する

36　後から知ったことだが、意味がわからなかったからではなく、「取材できるのか？」という実務的な方面での疑問があったからだったらしい。

と決断した横井さんは相当クレイジーなんじゃないかという気もするが……。ともあれ、情報収集もそこそこに、私の気持ちだけが先走る形で現地に赴くことになったのだ。

さて、マンホールタウンのレポートの前に、基礎情報としてルーマニアという国の事情をまとめておきたい。少々、受験世界史的な説明になるが、お付き合いいただければ幸いである。

ルーマニアはかつて共産主義国家だった。国を支配していたのがニコラ・チャウシェスク。[37]彼は、大統領という名の独裁者だった。しかし、ソ連解体の余波で1989年に革命[38]が起きて独裁政権は崩壊し、独裁者とその妻[39]は処刑された。

その様子は国際ニュースとして配信されたので、当時12歳だった私の記憶にもはっきりと残っている。チャウシェスク大統領だけでなく夫人まで銃殺され、失墜した権力者の末路というものがこれでもかというほどわかりやすく示された。記憶に深く刻まれないほうがおかしいだろう。

ゴンザレス少年に軽いトラウマを残した革命により、国政は民主化したが、今度は様々な社会問題が噴出するようになっていった。

そのひとつが、チャウシェスクが推し進めていた「堕胎禁止」、すなわち人口増加

37 1960年代から、処刑される1989年まで約24年間にわたって権力を握り続けたルーマニアの初代大統領。

38 1989年12月に起きたルーマニア革命のこと。チャウシェスク夫妻は逃亡するも捕まり軍事法廷で有罪となり、即日処刑された。

39 エレナ・チャウシェスクのこと。

政策によって生み出された多くの子供たちだった。その数は正確には把握されておらず、首都ブカレストの路上には生活苦から捨てられた子供、施設から脱走した子供などがあふれた。東欧の冬は厳しい。子供の体力だったらひと晩と保《も》たないだろう。

寒さから身を守り、生き残るため、子供たちはマンホールの中に居場所を求めた。地上よりも地下のほうが暖かく暮らしていけるからだ。マンホールタウンは、ほかに行き場がなかった人々によって選ばれた場所だ。

革命から20年以上の歳月が流れたものの、マンホールで暮らす人々はいまだ存在している。地下住民の集団を束ねているのがルーマニアの「ブルース・リー」なのだ。世界的にも類を見ないこの場所にかねてから注目していた私は、２０１５年が明けて間もない時期、ついに首都ブカレストへ向かった。

極寒のルーマニア

「クソ寒い！」

空港に降り立った私の最初の一言だ。それもそのはず、平均気温は４℃。朝晩は氷点下になるほど冷え込む。だが、私の体は奥のほうから熱を帯び出していた。長年の念願であったマンホールタウンの取材に来られたからだ。

これまでにアジアやアフリカを中心にスラム取材をしてきたが、ヨーロッパ、とりわけ東欧の取材は初めてだった。加えて私はルーマニアに対して特別な思い入れがあった。実は、漫画『MASTERキートン』[40]がきっかけで考古学者[41]を目指したことがある。漫画のクライマックスでは、ブカレストのノルド駅にたむろするチャウシェスクの落とし子たちがキーパーソンになっていく。そんな過去もあって、ルーマニアは「いつか行ってみたい国」のひとつだったのだ。

ちなみに学生時代、考古学専攻を志望した理由を教授に聞かれた私は、「さすがに『MASTERキートン』はわからないだろう」と妙な気を回して「インディ・ジョーンズに憧れまして」と答え、教授をズッコケさせたことがある。その後、「アホか！　あんなカッコいい考古学者はおらん！」とひっぱたかれた。いまとなってはいい思い出である。

さらに、もうひとつ奇妙な縁も生まれていた。

あまり信じてもらったことはないのだが、私のもうひとつの顔に書籍編集者という肩書がある。出版社に勤務していた時代があり、その頃に配属されていたのが書籍の編集部だったのだ。おかげでいまもその頃の経験を活かした仕事を継続しているというわけなのだ。

日本を発つ前に、ルポライターでカメラマンの八木澤高明氏の書籍を編集する企画が持ち上がっていた。八木澤氏の旧友である早坂隆氏は、『ルーマニア・マンホール

40　浦沢直樹著、小学館刊。
41　といっても、王道ではないアウトサイダー的な存在として。

生活者たちの記録』[42]を執筆したルポライターとして知られている。タイミングが合わず早坂氏から事前にお話を聞くことはできなかったが、ルーマニアに呼ばれているような気がしていた。

個人的な思い入ればかり語ってきたが、ルーマニアには意外と知られていない特徴がある。それは、ラテン系の国であるということ。ラテン系とはラテン系言語を使用している国のことで、陽気な民族として一般的に認識されている。東欧にありながら明るい民族性。そのギャップも、私の興味をより一層かきたてていた。

とはいえ、いつもならば下調べを念入りにするのだが、日本ではルーマニアの情報が十分に集まらなかった。私の周辺にいる旅慣れた連中でも、ルーマニアに長期滞在した経験者や、現地事情に精通している者はいない。日本人の旅行先としてはかなりマイナーだから仕方ないといえばそれまでだが、取材先の情報がないことが命取りになってしまうことだってある。

実は、『クレイジージャーニー』の取材に先立って、日本から現地コーディネーターを手配しようとしていた。ところが、ルーマニア人でもマンホールの住人たちに強いコネを持つ人物などほとんどいないというのが実情で、かなり苦戦していたのだ。

そんななか、人づてに「マンホールタウンに詳しい人物がいる」との連絡があった。これから先、八百万《やおよろず》の神々に感謝の祈りを捧げようと思うほどの幸運である。

42 中公文庫。

「これで取材もバッチリだぜ！」

思わず吠えてしまいそうになったのだが、物事はそう上手く運ばないのが世の常である。こともあろうに、そいつが、私が日本を出発する10日前に、なんとオーバードーズ[43]で死んでしまったという連絡を受けたのだ。

どうも、そのマンホールタウン住民に仲介してくれるという男は薬物中毒者で、ドラッグの取引を通じて彼らを知っていたらしい。出発直前に、マンホールタウンにつながる線は完全に途切れてしまった。

ルーマニアに着いたものの、マンホールタウンでなにが起きているのか、まったくわからなくなってしまった。何も知らないということは、不安を倍増させる。ただ、それ以上に好奇心も肥大化させる。妙なテンションが興奮を引き起こし、ルーマニアの寒さも忘れられたのだ。

43 薬物の過剰摂取。

嘘は見透かされる

朝夕は氷点下に達することもある冬のルーマニア。そんな場所に来て鬼のディレクターIさんから信じられない指示がきた。

「上着の擦《こす》れるシャカシャカって音がうるさいから、脱いでもらえませんか？」

「え？　上着……マジすか？」

　Iさんの顔が本気であることを物語っている。

さすがにテレビを見ている人に迷惑はかけられない。薄手のパーカー一枚で取材を開始した。

　マンホールがあるのは、ブカレストの中心部、ノルド駅前の周辺だという。事前のリサーチでおおよその場所はわかっていたので、それに先立って駅周辺で軽く聞き込みをしてみると、一般のルーマニア人でも「ああ、それなら知ってるかも」というぐらいの認知度であるらしいことがわかった。

　正直意外だった。まったく知られていないわけでもないが、積極的に訪れたり関わったりする存在ではないということか。はやる気持ちを抑えながら、現地で雇った通訳とディレクターIさんとともに、中央分離帯へと向かった。

　番組ではスタッフが私に同行し、「取材の様子を取材」したものを放送している。「同行」といってもカメラマン兼ディレクターが一人ついてくるだけだ。番組を見た人のなかには「実はガードマンがついているんだろ」「スタッフがたくさんいるから安全だ」と思う人もいるのかもしれないが、単なる男二人旅である。無茶をすれば、いつ袋叩きにされてもおかしくない状況だ。むしろ、高そうなテレビカメラを持っている同行者の存在は、リスクでしかない。「この人（ディレクター）を生《い》け贄《にえ》にしてでも、自分だけは助かってやろう」と思っていたのは内緒である。

中央分離帯には、マンホールタウンの住人たちが路上に溜まっているのが見てとれた。みな意外なほど小奇麗な服装をしている。なかには明らかに薬物を常用しているとしか思えない目つきで中空をながめている奴もいた。いざ声を掛けてみると「NO！」と叫んで立ち去ってしまう。小銭ほしさに近寄ってくるような連中も、「マンホールタウンのことを聞かせてくれ」と話しかけると「ボスに聞け」と言って逃げていく。

至極まっとうな反応ではある。というのも、彼らに限らず、ボスがいる集団には暗黙のルールが存在していて、「勝手に話してはいけない」とか「ボスの許可がいる」とか、とにかくボスがOKしないことには何もできないのだ。このルールは世界中の裏社会でおおよそ共通している。裏を返せば、ボスさえ口説ければクリアということ。ある意味、通過すべき関門はきわめてシンプルだ。

そんなことを考えながらマンホールの横に

ぽっかりと開いたマンホール

立ち、ボスであるブルース・リーが登場するのをひたすら待っていると、穴のまわりが騒がしくなった。ほどなくして、銀色に塗装したベストとパンツを身につけた裸足の男が現れた。

ブルース・リーだ。

すぐに近くへ駆け寄ると、異様なファッションの40代とおぼしき男の迫力に一瞬たじろがされた。放送での私の姿は、そんなふうに映っていたかもしれない。「一発勝負」のプレッシャーから、やや躊躇してしまったのは事実だ。情けない話ではあるが、これまで自分一人の取材ばかりをしてきたので、テレビのクルーと一緒に行う取材に慣れておらず、映像というものを変に意識してしまっていたところがあった。また、事前に通訳からこんな話を聞いていたことも影響した。

「彼らは英語も日本語もわからない。でも相手が嘘をついているかどうかはわかるんです」

通訳はそう言って、「下手な嘘は見透かされる。たとえ日本語であっても真実を伝える」ように迫っていたのだ。もちろんそのつもりだった。さらに、私の頭の中には、ある懸念があった。それは、薬物中毒者が多いといわれるマンホールの住人たちに、独断で「こいつは信用できない」と思われてしまうことだ。

これはルーマニアに限った話ではない。これまでの裏社会取材で、薬物を身体に入

副

横井　僕がゴンザレスさんのジャーニーで一番印象的だったのは、やっぱりマンホールタウンかな。ドキドキしました。

丸山　取材の準備段階から大変でしたもんね。横井さんから、「(マンホール住人を)仲介してくれる人が死にました」と連絡をもらって。「オーバードーズで死んじゃったので、通訳しかいません。とりあえずダメだったらダメでいいんで行ってください」と言われました。あの頃は、自分でもどうやってテレビ放送用の取材をすればいいのかわかっておらず、「え、ガチすぎないか？」と思いました。一方で、マンホール住人との橋渡しをしてくれる人がいなくなっちゃったのに、失敗してもいいから行ってほしいという姿勢が嬉しかった。こちらも一発勝負だというプレッシャーがかかりましたが、結果として勝てたなと思っています。

横井　ブルース・リーも謝礼を要求しませんでした。

ブルース・リー

丸山　スラムでは、ボスに話を通してくれる仲介者に謝礼を払うことはありますが、たいていのボスにとっては、取材謝礼なんかはした金なんです。

横井　ルーマニアでは流せなかった映像もありました？

丸山　ロマ団地（後述）ですね。通訳が行きたくないというぐらいの危険な場所でした。僕たちが借りた車のドライバーが、元秘密警察のドライバーという経歴を持つ人物。そいつですら「ここは絶対無理」と言って停車を拒否して、アクセルを踏んでいました。彼に頼んで速度を緩めてもらったとき、それまで誰もいなかった物陰から、ブワッと人が出てきたんです。ただただ治安が悪い。何をされるかわからないという恐怖を覚えました。

れた連中の理不尽過ぎる思考回路に振り回された経験は何度となくあったから、十分に理解できた。そうなると、正直かつシンプルな理由でぶつかっていくしかない。

「あなたたちを取材したい。日本ではあなたたちのことを知る人はほとんどいない。本当の姿を、ありのままを伝えるので、マンホールの中に立ち入らせてほしい」

用意していた言葉は、私の素直な気持ちそのままだった。目をそらすことなく男を見つめた。プレッシャーがかかる。どんな返事をしてくるのか。さまざまな想像をしながら、次の展開を待っていた。

「ありのまま。そのままの姿を伝えてくれるなら構わない」

ブルース・リーは受け入れてくれたのだ。わずかこれだけのやりとりで、取材の許諾が決まる。恐ろしくシンプルである。

ブルース・リーがありのままの姿を伝えろと言ったのは、行政や政府が対応してくれないという現実を世界に伝えたいという考えがあるからだ。その意図を汲み取っていないと思われたら最後、突然追い出されたり、取材中断ということもありうるだろう。

背景には様々な問題があるものの、基本的にはリーダーの腹ひとつ。仮にここで断られてしまったら、他に手のうちようがなかった。下手をすればルーマニア名物のこってりとした料理を食べながら文句を垂れ流して帰国ということもありえたかもしれない。

ちなみに後からわかったことだが、我々が日本人で、ブルース・リーが東洋武術や思想に傾倒していたこともプラスに働いたようだ。そもそも、ブルース・リーと名乗るようになったのは、カンフー映画で戦い方を学んだことと、弱いものを守るために拳《こぶし》を振るうという王道の武侠《ぶきょう》映画に込められた思想が影響しているのだという。

「カンフーと合気道を映画で学んだよ」

雑談のなかで彼はそう語っていた。

マンホール内部へ

ようやくマンホールに入る許可を得た。ブルース・リーやその仲間たちは慣れた様子で穴の中に降りていき、あっという間に見えなくなってしまった。一方、こちらは初めての体験である。中央分離帯に開いた穴を覗き込むと、そこにはハシゴが架けられていた。

3〜5メートルはありそうな深さの穴から、生活音や人の声が聞こえてきた。降りていくことをやや躊躇したのは、身長172センチ、体重100キロある私の身体がサイズ的に入れるのかと目測して不安になったからだが、ブルース・リーの仲間たちにはそれが伝わっていない。

そんな部下連中のひとりが「ボスが待っているから」と急かしてくる。とっくに先に行ってしまったブルース・リーの後を追いかけるように促された。

(わかってんだよ、うるせえな!)

本当は怒鳴りたい気持ちではあったが、こちらは突然訪ねてきた客で、なんとかマンホールに入ることを許された立場。しかもまごついている間、先に行ったブルース・リーを待たせてしまっている。あまり文句を言えるはずもない。

(ハマったって知るもんか)

なるようになれと、ハシゴを摑んで一気に降りていった。途中、横穴が開いており、その中にも人が溜まっているのが見えた。マンホール住民の男女比は半々というところだが、彼らは好奇の視線をこちらに向けるばかりで、絡んでくる様子はない。

どうやら、ボスの客人であるという通達がいっているようだ。ハシゴを降り切るのに集中することができた。

マンホールの底に足がつくと、横には人ひとり通るのがやっとというような穴が奥へと続いていた。順路的にはここを進んでいくので間違いないのだが、とてもではないが頭から入ることはできない。マンホール出入り口付近には灯りがなく、先は真っ暗で何も見えないのだ。

どうやって進もうか考えていると、頭上から声がする。誰かが呼んでいるのだ。

ついに内部へ

「※△&%$#」

どうやらディレクターが叫んでいるようだが、何を言っているのかわからない。周囲の雑音がマンホール内の構造のため反響し、外部の音が届かないのだ。

「聞こえないです!」「※△」「狭いんで!」「&%」「狭すぎるんで!!」「$#」

狭い場所にいることとの不快感と、うまくコミュニケーションがとれない苛立ちで、自然と口調に怒気が混じってしまった。

ディレクターのIさんはまだ何か叫んでいるが、もういいと、ボスの後を追うことを優先した。

横穴に足を差し込み、頭を後ろに向け、足のほうから四つん這いで進んでいく。進行方向がまったく見えないため足先に床の感触がするまで、安心できなかった。

視界はまだ真っ暗のままだったが、体ごと穴の奥へと転がり込む。

穴の奥は、広い空間につながっていた。私が手探りで辿っていた横穴はどうやらコンクリート製のようで、下水道設備ではないようだ。マンホール内部は住民たちによってところどころ意図的に狭められていた[44]。おかげで、人ひとり通るのがやっとの狭い通路ばかりが伸びている。入り組んだ横穴は、まるで侵入者を防ぐための関所のようにも感じられた。

天井には蛍光灯が設置されていた。壁には絵画が飾られ、最先端のクラブのようだった。かつて写真で見た光景が広がっていた。

印象的だったのは、臭《にお》いが強烈だったこと。下水臭《くさ》さではなく、ケミカル臭というか、薬物臭いのだ。いろんな薬品と人の汗の臭いが混ざって鼻に刺さってくる。

ホール内には、臭いの元凶たる住民たちが密集していた。いったい何十人いるのだろう。みんなが統一感のない動きをしている。薬物を摂取するか、タバコを吸うか、はたまた呆けているか。いずれにせよ、まともな生活を営んでいるとは思えない状態だった。

「ちょっとごめんなさいよ」

44　マンホール内では、コンクリートで下水管を覆うなどの処置をしていた。これは高温になる下水管の表面温度を和らげるためである。ただし、別の目的で通路を狭めているところもあった。それは、侵入者対策である。一人ずつしか抜けられないようにして、抜けた先で待ち伏せできるようにという迎撃戦術のためだった。

拝み手で人の間を突き進む。気になること、詳しく聞きたいことだらけだが、いまはボスを待たせている。とにかく奥へと進むしかない。人波をかき分け、ホールのさらに奥にある穴をくぐった先、マンホールの最奥部で、ブルース・リーは「やっと追いついたか」と言わんばかりの表情を浮かべて待っていた。

ブルース・リーのごちそう

「取材を受け入れてくれてありがとうございます」

「気にするな」

口数が多いほうではないのかもしれない。

「すごい人数ですね」

「だいたい、100人ぐらいかな。出たり入ったりしているが。全員、俺の家族だ」

少ない言葉のなかに彼の姿勢が垣間見える。

「なぜ、こんな改造をしているんですか」

私の質問にブルース・リーは端的に答えてくれた。

「何人侵入してきても、狭くしておけば一対一になる。俺は喧嘩なら誰にも負けない。他の連中も一人ずつを相手にすれば、簡単に殺せるだろ」

実に合理的な考えだが、それだけ警戒しているということは、敵対する勢力がいることを意味しているのだ。それがギャングのような、彼らと同種のアウトローではないと知るのは、もっと後になってのことである。

ブルース・リーは私たちに食事を振る舞ってくれた。「よく来たな、まあ、食え」という感じが自分の田舎を思い出させる。来客は腹が減っているもの。その前提で、とにかく飯を食わせるのだ。ブルース・リーという人物の親分気質を考えると、そんな感覚があるような気がした。

さて、ブルース・リー親分の心遣いは嬉しいものの、現実に出される食事は別問題である。どこかから拾ってきたような板を渡したカウンター・テーブルの上に、洗わずに何回も使われたような食器が並べられる。その様子を住民たちが何も言わずに眺めていた。

ブルース・リーみずから皿に取り分けてくれたのはレバーペーストとコンビーフをミックスしたものとパン。それ自体は問題ない。メニューとしての好き嫌いはない。問題はもっと別のところにある。テーブルの上を猫たちが歩きまわっていることだ。

（どう見てもアウトではあるが……）

衛生状態を考えれば拒否したかったが、彼らに受け入れてもらうために、出されたものを食べないという選択肢はない。とくに彼の一存で受け入れてもらった現状、拒

（上）猫が食卓の上をウロウロ　（下）ブルース・リーと

否権など発動できないどころか、存在しないかのように私は必死になって食べた。

チラッと目をやれば通訳やディレクターも口にしていたようだが、ブルース・リーの隣に陣取っていたのは私である。一番目立つわけで、とにかく次々に飯を渡された。躊躇することもなく、ひたすら飯を放り込む私を見て、ブルース・リーが「飲め」と言って少し濁った液体の入ったコップを差し出してきた。

一瞬、「?・」と目が点になった。なにかいかがわしいドリンクではないかと邪推したからだ。言ってはいけない物質が溶けだした水溶液だとか、下水道の天然水だとか。言われるがままに飲もうとコップを受け取る。

「レモネードだ」

あっさりと飲みものの正体を教えてくれた。

「ありがとう。ちょうど喉が渇いちゃって、助かります」

甘みと酸味が口の中に広がった。ものすごく美味い、というのが正直な感想だった。[45]

こう書くと、ルーマニアの食文化がひどく貧しいようにもとられかねない。ルーマニアの名誉のために言っておくと、ルーマニア料理はかなり美味いのだ。あまり馴染みがないかもしれないが、代表は肉料理やチーズで、こってり好きにはたまらない。だが、街なかに多いのはケバブサンド屋だった。トルコ人の移民が急増しており、そ

45 実はこの経験がきっかけで、私はいまでもレモネードにハマっている。

食事が浸透しているようだ。ブルース・リーたちが食べていたものもそうだが、とにかくハイカロリーなている。ブルース・リーたちが食べていたものもそうだが、とにかくハイカロリーな

の影響らしい。人気店で出されているケバブは、フライドポテトも一緒にラップされ

地下住人とドラッグの関係

さて、ひたすら高カロリー食品を胃袋に詰め込んでいると、いつの間にかジャージに身を包んだ男が目の前に立っていた。

「…………」

無言で私のことを見てくる。

この男、私が取材中にもかかわらず、ブルース・リーと何やら話している。取材中であることはわかっていながら、それでも内緒話をこそこそしなければならない状況。かなり怪しいが、いかんせんルーマニア語がわからない。頼みの通訳も狭い通路のせいで、会話が聞こえない距離に追いやられている。

これではどんな話なのかの断片すらもつかめないと思った瞬間、ブルース・リーと男の間でやりとりされたものを見て状況を察することができた。大金と小袋。それを交換したのだ。

ブルース・リーは現金を受け取って小袋を渡した。男はそれを受け取ると、人混み

をかき分けて何処かへ立ち去った。よく見れば、ブルース・リーの近くに多額の現金が転がっている。ほかにも中身のわからない小包があちこちにある。これはいったいなんなのか気になったが、質問するわけにはいかない。彼らが薬物を使用しているのは周知の事実で、マンホール内部でもそこら中で住人たちは注射器を刺しているのだ。

「これは薬物ですか？」

野暮すぎる質問だ。案の定、返事はなかった。ここはまさしく、ジャンキーの巣窟なのである。

リーダーの心の内

マンホールの取材をいったん区切って外に出たときのこと。少し離れた場所で、この先どんな取材をすればよいのか、ディレクターと通訳と雑談していた。すると、マンホールに身なりのよい男が3人近づいてくる。上等なスーツにレザーコート。迫力のある風貌からも只者ではない感が見て取れる。通訳とディレクターも男たちの存在に気づいた。異常な状況は察したようで、ディレクターはすぐにカメラを隠した。

気づかれないように男たちのほうに目をやると、マンホール住人のひとりが、男たちと何かを受け渡ししたのが見えた。手慣れた感じで二言三言交わすとすぐに立ち去っていく。まともな取引でないことは察することができた。十中八九、違法な商売をしていて、その取引相手と接触した。その瞬間を目撃したわけだが、もしドラッグがやりとりされたとしても、私にできることなど何ひとつないのだ。これでトラブルに巻き込まれたとしても、誰も助けてくれない。自分の置かれている立場がいかに弱いものであるか、という現実を否応なく突きつけられた。

だが、取材する身としては、いつかはトライしたい相手でもある。今回は準備不足だったが、然るべきときに、十分な準備をしてアプローチしたい。もちろん、ブルース・リーに紹介を頼むことはできるだろう。だが、それによって彼との関係がこじれる可能性もある。なにより、上下関係的に明らかに下位にある彼の紹介では、私の取材が許可されることはないだろう。日本の裏社会では、取材者は紹介者に準じた扱いをされる。紹介者のポジションが高いほど、取材しやすくなるのだ。そんなわけもあって、ここではただ見送ることにしたのだった。

あらためて、我々はブルース・リーにマンホールの中で話を聞くことになった。その場では、「いまの生活を抜けだしたい。次の世代に希望をつなげていきたい」というリーダー然とした話をしはじめた。国家の保護対象にされていない彼らが生きていくことは、経済の発展途上にあるルーマニアではかなり厳しいことがうかがえた。それはよくわかったのだが、どうしても、さきほど目撃した薬物の取引について、もう少しだけ踏み込んで話したいという好奇心が消えなかった。

　というのも、ルーマニアは東西のヨーロッパが交わる場所に位置し、その地理的な条件から、ロシアはもちろん、イタリアのマフィアやアウトローたちが流入して裏の商売をしているという噂を聞いていたからだ。どんな流通経路でドラッグが広がっているのか。それはユーザーが多数いるマンホールで聞くのが一番わかりやすいはずだ。

「マンホールの中では多くの人がドラッグをやっています。そのことについてはどう思いますか？」

　我ながら大胆な質問だと思う。通訳の顔色が変わったのもわかった。それでも私は目で「訳して」と合図をする。

「いいことじゃないと思う。だけど、ここで暮らすには必要なものだ」

　意外にも素直に答えてくれたが、私がほしいのはそんな言葉ではない。ドラッグがどう扱われているのか、いくらで取引されているのかを聞きたいのだ。こちらの願望を無視してブルース・リーは続ける。

「金があるやつは自分でドラッグを買うだろう。ないやつはシンナー[46]をやる。あれは安いからな。俺も昔はドラッグをやっていたが、いまはやらない。でも彼らにそれを強制することはできない」

　ブルース・リーが若者たちを心配していることはわかった。そして、ドラッグの取引が必要悪だとわかって続けていることも。もしかしたら、さきほど目にした金はドラッグを売って得た金かもしれないし、別の手段で手に入れたものかもしれない。その金で悪そうな連中とドラッグの取引をしていたのかもしれない。思わず「どこから、いくらで仕入れているんですか？」と質問しかけたが、結局は飲み込んでしまった。私にとって取材とは、内部に分け入って、人々の生活実態や組織の構造を知ることであり、生の声を拾い上げることである。彼らの更生だとか援助とは異なる。

　路上に注射器が落ちている。ここでは珍しくない光景だ。こんな場所だからこそ踏み込んでよい領域というのが決まっているのだと思っている。私はこれ以上深追いするのをやめた。


　別れる際、ブルース・リーから「ありのままを放送してくれ」と再度言われ、握手をかわした。それほど長い時間一緒にいたわけではないうえ、取材者と取材対象者は、本来だったら距離があるままのはず。だが、不思議な魅力をまとう彼に私は惹《ひ》きつけられていた。

　きっと、ここに集まってきた連中も同じような親しみや親近感といった感情を抱い

46　裏社会では「最低のドラッグ」の称号を得ている。気化させて摂取すると酔っぱらい状態になるのだが、人体にとって有毒なので健康にいいはずもない。嘔吐、倦怠感をはじめ、幻覚や意識障害を引き起こす。そればかりか脳を萎縮させて後遺症がはっきりと残る。最悪の場合、死に至ることも珍しくない。また、歯が溶けるので、見た目を考えても不人気なドラッグである。しかし、非常に安価なため、世界中の底辺に暮らすジャンキーたちに利用されている。工業には不可欠な品物だけに、禁止薬物にすることもできないというジレンマが各国の捜査機関を悩ませている。

フタをされたマンホール

ていたのかもしれない。それを証明するかのようにマンホール内には無造作に現金が置かれている。ある意味では、秩序が保たれているということか。

その後のブルース・リー

テレビの放送は、ここで終わっている。手探り状態からのスタートを振り返ると、正直、よくまとまったと思う。だが、取材自体はこの後も続いていた。というのも、わざわざ東欧まで来たのだからマンホールだけではもったいないと考えていたからだ。根っからの貧乏性なのだ。

意外な展開を見せたのは、取材

を終えて撤収しようとしていたときのこと。ひときわ大柄な男が近づいてきた。

「誰に断ってカメラを回しているんだ！」

繰り返すが私はルーマニア語がわからない。それでもなんと言われたかがわかる。それほど露骨に敵意をぶつけてきたのだ。すかさず通訳が事情を説明しようと割って入ろうとすると、ほかのマンホールの住人たちが何事か言ってくれた。すると男は、「渋々」といった雰囲気を出し、立ち去っていった。ご丁寧にツバを吐き散らすほどで、態度も悪い。

「どうやら、マンホールの幹部のようです」

通訳が教えてくれた。男の態度が気になったので少し聞き込みをしてみると、状況がわかった。大柄な男は難くせをつけて我々から金を巻き上げようとしたのだが、「ブルース・リーが客人と認めた」と他のヤツから言われて引き下がったのだそうだ。

「それにしても態度が悪かったな」

「あの男、ブルース・リーの後釜を狙っているんでしょうね。もしかしたら、ボスが一番気をつけているのはあの男かもしれません」

通訳とそんなやりとりをしたのだが、たしかにブルース・リーは自分の部屋を最奥部のさらに奥につくり、誰も立ち入れないようにしていた。ましてや大柄な男なら簡単には辿りつけないだろう。本当に自分を暗殺しようとする者から身を守ろうとしているのかもしれないなと、そのとき[47]は思っていた。

日本に戻ってしばらくのち、ブルース・リーが逮捕されたことを知ったのは前述したとおりだ。その逮捕劇の中で、マンホールに特殊部隊が投入されたことを知った。特殊部隊とはいえ、あの複雑なマンホールを簡単に攻略できるものだろうか。そう不思議に思ったものの、もし内部情報を警察に垂れ込むような協力者がいたら……。仮説にすぎないが、邪推するに余りあるだけの状況を見てきただけになんとも複雑な気持ちになる。現地の報道によれば、世界的に知られるようになってしまったブルース・リーら「マンホール住民」の逮捕は、悪化するルーマニアの薬物事情やＨＩＶの拡大に歯止めをかけたい当局の、キャンペーン的な意味合いが強いのだという。

その後、ブルース・リーに関する情報は日本のみならず、ルーマニアでも一切、出てこない。

帰国後も、夜の新宿に漂う下水道のすえた臭いをかぐたびに、マンホール住民たちを思い出すようになった。社会政策の失敗から産み落とされ、マンホールに逃げ込んだ子供たち。やっと見つけた暖かい場所からも追いやられた彼らは、どこへ行ったのだろうか。

47　この取材を終えた直後に巨大な犬のウンコを踏みつけた。ただし、これはルーマニアの社会問題がそもそもの原因なのだ。まず、ブカレストには野良犬が多い。以前、行政が一斉に駆除しようとしたところ、動物愛護団体などから苦情が殺到した。おかげで道のいたるところにウンコが転がっている。私でなくとも多くの人がウンコを踏んでいるはずなのだ。これは決して言い訳ではない！　絶対違う！　聞こえないだろうが、声を大にして言っておきたい。

2　ギリシャ

ヨーロッパに押し寄せる難民たちの実態を自分の目で見て取材したかった。また、経済破綻したギリシャが現在どうなっているのかも含めて、欧州の闇に迫る取材がしたかった。

難民と陸路を歩く

戦火を逃れてヨーロッパに押し寄せたシリア難民の受難は、世界中の同情を集めた。私が彼らの置かれた状況を取材するために欧州を訪れたのは、２０１５年12月のことだった。

「民族大移動みたいだ」

世界史の知識をひけらかすわけではなく、４世紀に起きたゲルマン民族の欧州大移動のイメージが想起された。

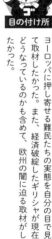

単純な好奇心がきっかけとなって取材に出る。これまでもよくある流れだったが、２０１５～１６年ぐらいは、『クレイジージャーニー』のカメラが同行する取材が多くなった。ストレスとまでは言わないが、誰かが同行するというのは本来の私のスタイルではない。

幸いにもケニア取材から帰国したばかり。テレビ局《あの連中》がいつのまにか嗅ぎつけてくる前に、せっかくだから、単独で欧州の難民大移動をこの目で見てみたい。むしろ、難民と一緒にドイツまで陸路で向かってみたいと考えていた。

それからは、実際に可能なものかルートを想定してみようと、現地の日本大使館に連絡を入れたり、各国の機関に問い合わせてみたりと、リサーチに時間を費やした。

そんなタイミングで、かねてから付き合いのあった週刊誌の編集部から「取材費を出すから、行ってもいいよ」との連絡が入った。

この編集部では何度か海外取材に行かせてもらっていたので、予算感などもなんとなくわかる。そろばんを弾《はじ》いてみたところ、航空券や宿泊費などを差っ引くと、現地でふんだんに使える予算があるわけでもない。それでも、バックアップしてもらえるだけ幸せなことだった。

海外を取材するジャーナリストをやっていると名乗ると、「取材費はどうしているのか？」とよく聞かれる。ぶっちゃけてしまえば、ほとんどが自腹だった。

駆け出しの物書きだった頃には、取材依頼すらないなかで、興味を持った分野を自主的に取材、内容をまとめて出版社にプレゼンしてから、記事になるかどうかの判断をあおいでいた。

幸運にも掲載されたら、原稿料は旅費と相殺《そうさい》。黒字になれば御の字だった。

その頃は、取材中も終始「これ、記事になるかな」と、焦りを感じながら動いていた。その分、一つ一つの取材に対する思い入れは相当なものだった。掲載が却下されたら「全然わかってねえ！」と憤ったりもした。懐かしく思い出すが、正直あの頃に戻りたいとは思わない。いまはいまで大変なこともあるが、取材の幅や自由度が広がったと思っている。

今回は陸路で難民を追いかける。自分で計画しておきながら、なかなかに無謀な挑戦となってしまったが、私はアテネへと飛んだ。

世界的に注目を集める難民問題を取材することにとくに気合が入っていた。なるべく抜けや落ちがないようにと、アテネ行きの飛行機に乗り込んでからも、取材の段取りを確認していた。

実はこの段階に至っても、わずかながら迷いがあった。取材のスタート地をどこにするべきか――トルコから海を渡ってギリシャ国内の島を経由するのか、アテネの港からスタートするのかについて決めあぐねていたのだ。

ギリシャの島々には、政府からの難民認定を待つ人々が多く滞在しており、アテネの港は彼らが集まる場所だ。取材のスタート地点としては、まずどこかの島に入るのがいいだろう。

アテネからフェリーか飛行機で島に行ければベストなのだが、ギリシャの島々はほとんどがリゾート地で、ホテルも高級なところしかない。船や飛行機の便数も少ないうえに値段が高い。島と島、あるいは本土と島とをアクティブに動きまわることも難しいだろう。

散々悩んだ末、予算的にも日程的にも限界があるので、アテネから動きはじめることにした。

難民がアテネに入る前に訪れる島から取材をスタートさせたいというこだわりがあり、頭でっかちにあれこれと考えてしまっていたが、気持ちのスイッチを切り替えるしかない。

現場は生き物、そう思うようにしている。刻一刻と状況は動く。とくに今回のような国境をまたいで移動する難民を対象にしているとなおさらである。

財政破綻国家

アテネに着いたはいいが、本当に難民に会えるのかという不安があった。ところが、実際に街を歩いてみると、難民以上に大きな問題がこの国に横たわっていると知ることになる。それは、ギリシャの超絶な不景気と治安の悪化である。

原因ははっきりしている。２０１０年に経済危機を迎え、財政は破綻寸前。元来公務員が多く、老人は支給される年金だけで生きているような国である。そのうえ国の財政が破綻寸前なのだから、混乱ぶりは推して知るべしである。ドイツを目指す難民にとって、ギリシャはドイツへの「玄関」となる。そこで私はギリシャから取材を行うのが順番的に正しいと思ったわけだ。

ギリシャ入りして気がついたのは、思っていたよりも難民の姿を見かけないということだった。

「シリア難民についてどう思いますか?」と現地住民に問いかけると、「見たことない」とか「ニュースで見たけどかわいそうだよね」といった意見が出てきたが、批判的な言葉はもちろん、目撃情報すらあまりない状態だった。それどころか、「難民よりも経済を再建してほしい。そっちのほうが重要だろ」と返ってくる。「難民が押寄せたことで、治安に変化はありましたか?」と聞けば、「それよりもロマをなんとかしてほしい」と言われてしまった。[48]

市内のヴィクトリア駅を出たところにある公園には多くの人が溜まっていた。ここは、観光地としては有名ではないが、マケドニアに向けて出発するバスの発着場になっていた。ここにいる人々はドイツを目指す難民たちである。

見た感じ、難民と思しき人々には若い男性が多い。彼らに対して、「どこを目指すんですか?」と聞くと、誰もが口を揃えて「ドイツ」と返してくる。

48　ロマは北インド出身の民族で、5世紀頃から放浪を始めたとも言われ、現在はヨーロッパ各地に定住している。とくにルーマニアやブルガリア、フランスなどに多い。ロマ人はその風貌と、独自の文化や宗教を持っていることなどから、差別の対象となることが多い。失業者や定職に就いていない者のなかには犯罪に走る者がいるのも事実である。

わかりきっていた答えではあるが、とにかくインタビューを重ねた。

するとあることに気がついた。彼らが食べている、支援団体から配給された弁当が完食されずに捨てられていたのだ。

「おいおい、食うや食わずの難民もいるなかで、コレはないんじゃないの」。そう考えるのが当然だし、眉をひそめたくなる人もいるだろう。日本人的な感覚なのかもしれないが、いただいたものを粗末にすることは許されない。とくに難民としてギリシャに来たのだから、ボランティアの人がくれた飯はありがたくいただくものだと、このときは思っていた。

だが、反感を抱くと同時に、試しに食べてみたいという気持ちもあった。やはり、実際に食べてからあれこれ言うべきだと思ったからだ。

「この弁当って君たちのだよね」

「そうだけど」

木陰で休んでいた3人組の男たちに声をかけてみた。

「残しているみたいだけど、お腹減っていないの？」

「いや、そういうわけじゃないんだけど」

いまひとつ歯切れが悪い。

「もし良かったら、これ、俺に食べさせてもらえないかな？」

「え⁉」

何を言い出すのだという顔をしている。だが、とくに嫌がる様子もなく弁当を差し出してくれた。それは食い残したものではなく、未開封の弁当だった。予備に残していたのだろうか。急に申し訳ない気持ちになった。しかし、男は遠慮するなという感じで「これで良ければ」と押し付けてくる。あまり遠慮していても仕方がない。

「ありがとう」

そう言って、弁当の蓋を取る。見た目はただのパスタだ。ひと口放り込んでみる。味付けがされていない、油を絡めただけのパスタがあまりに不味すぎる。

「ん！」

さっきまで傍観者を決め込んだような顔をしていた男たちに笑みが浮かぶ。すでにこののびたうどんのような油パスタを食べた経験のある彼らは、私がこうなることをわかって

難民で混雑する公園

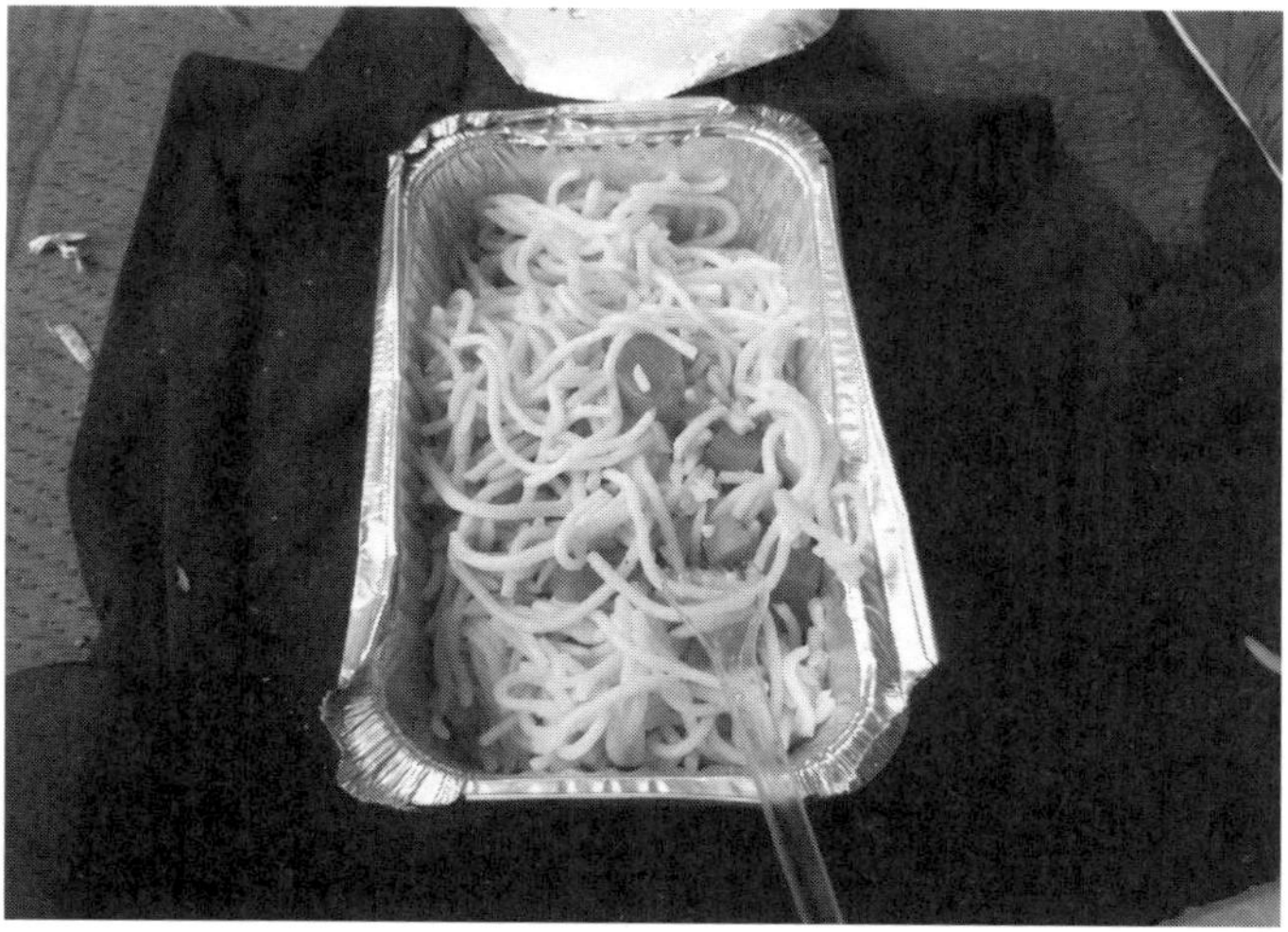
不味い弁当

いたのだろう。

結局、私も残してしまった。

あらためて認識したのは、彼らは難民ではあるが、元々貧乏で何も食べられなかった人たちではなく、ギリシャまで渡れる程度のお金を持っていた人。おそらく中産階級だった人が多いということだ。考えてもみてほしい。日本で暮らしていて、ある日突然のトラブルで財産を失い、明日食べるものがない状態になったとしよう。だからといって、残飯を漁《あさ》ったりはしないだろうし、味覚を急に貧乏飯に合わせられる人は少ないのではないだろうか。

この現象には覚えがある。東日

本大震災の発生直後、私はすぐに地元の宮城に戻った。その頃、日本中から送られてきた物資のなかには、「被災者はなにもなくなったから、なんでも使うでしょ」という意図なのか、焼き肉のタレだけとか、使い古しの服なんかもあったのだ。これは紛れもなく善意である。しかし、仕分けするボランティアの手間や、被災前は普通の暮らしをしていた被災者の気持ちを想像していたとは言い難いように思えた。

だから、このパスタも量はあるものの、食べる人のことを考えたものではないのだろう。もちろん、善意が前提になっているので文句を言うべきことでもない。だからといって、残している人を責めることもできない。それは自分で食べてみてよくわかった。

食べ物ひとつとっても、彼らを取り巻く環境がいかに厳しいものか実感した。

人間活動としてのセックス

難民取材のためにギリシャ入りしたが、彼らの暮らしぶり以外にも気になった点がある。それは、先ほども触れたように、ギリシャ国民が関心をもっているのは難民よりも自国の経済であるということだ。

この国ではいま、一体なにが起きているのか。破綻寸前国家・ギリシャの路地裏についてもここでお伝えしようと思う。

私がギリシャの経済状況の悪化を意識したのは、難民たちが欧州へ向かうために待機していたバス停に行ったときだった。

難民が少数のグループに分かれて、どこかに出かけていくのだ。バスを待っているだけで退屈なので、市内を観光でもするのだろうか。そんなことを思いながら彼らについて行くことにした。彼らは5分ほど歩くと狭い路地に入っていく。取材をすれば話してくれるかもしれないが、断られては元も子もない。後をくっついて追いかけていくほうが確実だ。

ストーカーや不審者のようで気味悪がられるかもしれないが、取材ではよくやることなのだ。狭い路地に踏み込むと一気に雰囲気が暗くなった。経済破綻の影響なのか、あるいは国民性の問題なのかわからないが、ゴミが散乱してホームレスが道端に座りこんでいる。廃屋も目立つせいか、全体的に薄暗い。「不景気です」と言っているようなものだった。とはいえ裏社会の取材を長く続けてきた私からすると、このぐらいの状況のほうが馴染みがあるともいえる。

荒廃した裏町を進む男たちはさらに細い路地に入っていく。そして、道に面したドアから建物に入っていった。

このドアが印象的だったのは、昼間だというのに赤いライトが点灯していたこと。

ライトの色のせいだろうか、卑猥《ひわい》な匂いが漂っている。すでに予感はあった。しかし、見ているだけでは結論を出すことはできない。入って確かめてみることにした。ドアに近づいたが、隙間なくしっかりと閉まっているので中は覗けない。ただのドアが鉄扉のように重く感じられ、私を拒絶しているようだった。いくつかのドアを回ってみたが同じだった。困り顔で佇《たたず》んでいると中年男性が通りかかったので声をかけてみた。

「このライトがついているドアはなんですか？」

「それはさ、あれだよ……楽しいところさ」

はにかみながらどこか同意を求めるように言ってきた。彼はギリシャ人でそれほど英語が堪能ではないようだ。その後ギリシャ語をしゃべり始め、完全に何を言っているのかわからなくなった。だが、彼の微妙なはにかみ具合からここが「わいせつな場所」であることはほぼ確信できた。

いろんな意味で心臓の鼓動が早くなりだした次の瞬間。レッド・ライトの下のドアが開いた。裸の女がドアから半身を乗り出してきたのだ。

「#$%&'〃#$」

なにやら叫んでいるが、ギリシャ語だろう、聞き取れるはずもない。それよりも、おっぱいが丸見えで下半身はタオルを巻いただけの姿に目が釘付けになってしまった。

「％＆＃＄％〃＃％＆」

構わずに大声で叫ばれる言葉の内容はわからないが、中年の女性が慌てたように走り寄ってきて女は再びドアの奥に消えていった。一連の様子を眺めていたのは、たまたま居合わせた中年男性も同じだった。お互いにアイコンタクトで「いいもの見たな」と伝え合った。国籍は違えど、ラッキースケベな経験を共有できたことに妙な連帯感が生まれていたのであった。


さて、ラッキースケベで運が向いてきたこともあり、ジャーナリスト魂に火がついた。このまま中を見ないで帰るという選択肢はない。ドアノブをまわして入ったが、薄暗い店内には誰もいない。気合を入れていただけに拍子抜けした。ここからどうすればいいのか……。とりあえず声を掛けてみる。

「ハロー」

店の奥で人の気配がすると、老女が出てきた。

（この人が⁉）

ギョッとなったのは一瞬で、すぐに脳内で訂正作業が進行した。ついさっき目撃した裸体の女性は、張りのある巨乳。失礼ながらこの棺桶に片足を突っ込んだような老

レッド・ライトのついたドア

婆であるはずもないので、もう一度「ハロー」と笑顔でこちらが客であることをアピールしてみた。どうやら私が外国人であることはすぐにわかったようだ。

「うちはギリシャ人だけだよ」

無理もない。私の容姿はどこからどう見ても黄色人種のそれである。慌てず騒がず「そうですか」と落ち着いた返事をした。一歩も引かない私に対しておばさんはさらに繰り返す。

「外国人はダメ。英語は話せない」

お前いま英語で話しているだろ！　と突っ込みたいところだが、正直、どこかでこれ以上踏み込まなくて済んだことに安心していた。とはいえ、なにも情報を得ぬまま帰るわけにもいかない。私はもう二、三質問を投げてみた。

「女の子はギリシャの子なの？」

「うちのはポルトガルとルーマニアだよ」

やはり働いているのは外国人。実はギリシャ人はカップルの年間平均セックス回数が世界一[49]といわれるほど性的に奔放とされる反面、「プライドが高いため、売春はしない」と聞いたことがある。

「プレイの値段は？」

しつこく食い下がる私に老女は面倒くさそうに言った。

49　性生活の調査で「セックスの年間平均回数」に関して、ギリシャが１６４回で１位だった（ちなみに2位はブラジルで１４５回、３位はロシアとポーランドが１４３回だった）。日本は48回で最低クラスだった。数字だけ見るとギリシャ人はとても性に奔放なように思えるが、実際にはかなり保守的である。ギリシャ人は、たとえ飢えても身体だけは売らないという。つまり、売春が合法化されているギリシャでも、商売しているのは別の国から来た女性だったりするのだ。

「ノーマルセックスは10ユーロ。それ以外はダメだよ」

10ユーロ！　これは予想外の金額だった。日本円で1400円[50]だ。

ギリシャでは売春が合法化されている。職業的に売春婦が許容されることに加えて、海外からの出稼ぎ売春婦が多い土地柄だ。とくに2004年に開催されたアテネ五輪の際には、売春業界もバブルのように盛り上がったらしい。その分、値段も跳ね上がったという。その後、次第にギリシャの不景気とともに他の欧州諸国より相場が安くなったが、それでも40ユーロ[51]ぐらいと聞いていた。だが、私に提示されたのはそのさらに4分の1。これほどの価格は発展途上国でも見たことがない。強制的に搾取されているならいざしらず、合法的な管理売春業の場合は、売り上げは店と売春婦の折半が基本である。となるとギリシャの売春婦たちは一度に5ユーロしか利益を得られない。何人を相手にするのかはわからないが、10人相手にしても50ユーロにすぎない。これで暮らしていくことができるのだろうか。余計なお世話ながら心配になってしまった。

さらに気になるのは「ノーマルセックス」だ。意味がわからないが、老女がイラついているので聞くわけにもいかない。とりあえず「そうですか」と返事をすると、いよいよ本気で追い出しにかかってきた。

「とっとと帰っておくれ」

50　取材当時のレート。
51　約5600円。

「はいはい」

追い立てられるように店を出た。これまで暗く沈んだ雰囲気に見えていた路地が急に大人の社交場のように思えたのは、この通りの正体を知ったからだろう。しかし、気になるのはやっぱり老女の言っていた「ノーマルセックス」である。

その後も何軒か売春宿をまわってみた。

目印は、扉の上部についたレッド・ライトだ。部屋の中はどこも同じような構造で、入り口におばさんがいて、合図をすると女の子が出て来るという仕組み。そこで英語で話しかけると、大抵は「外国人お断り」と拒絶される。問答無用で放り出されることもあったが、少し話をできそうな雰囲気があった店で、「ノーマルセックス以外のこともやるのか?」と聞いてみた。返ってきたのは、思いもよらない答えだった。

「アナルセックスを要求してくる客が多いんだよ」

客として訪れる人の中には、肛門性交を要求してくる人がいるというのだ。いくつかの宗教では結婚相手以外との性交が禁止されているが、肛門への挿入はセックスに含まれないと解釈しているものもあるらしい。そのように説明されたものの真偽の程はわからないし、宗教に関係なく肛門を使おうとする客はいそうだなと思った。さきほどの老婆が言ったように、これらの店は「ギリシャ人以外お断り」。公園で出会った難民の男たちはどうしていたのかというと、どうやら連れ立って見学をしているだけの「ひやかし」のようで、ドアを開けて中を覗いたり、入ったとしてもすぐに出てくるというのを繰り返していた。

「遊ばないの?」

「この先、お金が必要になるから」

声をかけた難民の若者はそう言ってバス停に戻っていった。ありえないほどの安価で働く出稼ぎ売春婦と、その金すら節約しようとする難民たち。この構造が変わるとしたら、いったいどんな変革がこの国や周辺地域にもたらされたときなのだろうか。

裏の顔を持つ難民たち

アテネで難民取材を開始した私は、町の北部にあるヴィクトリア駅でレッド・ライト地区を巡った。いかがわしい場所は治安が悪い、というのは常識だろうが、私の個人的な見解では、そうとも限らない。というのも、管理売春が行われる場所には、そこを掌握しているギャングのような連中が目を光らせているため、トラブルは起きないし、何か起きたとしても連中が片付けてくれるからだ。それでも、アテネのレッド・ライト地区は、メインの通りを一本裏に入るだけで、荒廃した雰囲気が漂う地域だった。経済破綻の影響は、レッド・ライト地区にも届いていたということだ。一回

10ユーロという売春の値段を見ればそれは明らかだ。さらに町のいたるところで目にしたのが、ドラッグに手を出している人たち。路上で注射器を腕に刺し、シンナーを吸引している。酩酊してそのまま突っ伏しているが誰も助けようとはしない。地獄のような状況だが、そこは腐っても「EU加盟国」。戦火に追われてきたシリア難民たちにしてみれば天国なのだろう。実際、2015年だけで84万人の難民があらゆる手段を用いてギリシャに流入し、ドイツを目指した。

アテネ市内のレッド・ライト地区の近くに公園がある。欧州諸国への移動手段が確立されていなかった2015年夏頃には、多くの難民がキャンプをしていた場所だ。そのことを伝えるニュース映像が記憶にあったので、公園を目指すことにした。

スマホの地図アプリで確認すると、かなり大きい公園のようだ。全域を歩きまわるには1〜2時間はかかるだろう。手当たり次第に探索するのは体力的にしんどい。おそらく、難民たちも同じように考えるはずだ。海路で来る人が大半のため、ピレウス港から上陸するはず。そうなればこの場所までは地下鉄で来ることになる。つまり、駅やバスターミナルに近い側の入り口周辺を探れば効率が良さそうだ。

そんなことを考えながら公園についたが、本音を言えば拍子抜けしてしまった。映像で見ていたような難民テントの群れがなかったからだ。地元の人たちが散歩をする、のどかな光景が広がるばかり。「これは読みが外れたか」とも思ったが、広大な公園なので入り口の光景だけで判断するわけにはいかない。奥に突き進んでいけば難民たちも集まっているかもしれない。

20分ぐらい公園を歩きまわると、叩き壊されたベンチと、散乱するゴミなどが目につく、ひときわ異様な光景が広がっている場所に出た。

ニューヨークでは、1994年に市長になったルドルフ・ジュリアーニが「ブロークン・ウィンドウ（割れ窓）理論」をもってして治安の回復をはかった。窓ガラスを割るような程度の軽い犯罪を徹底的に取り締まることで、凶悪犯罪も抑止できる、という環境犯罪学上の理論である。つまり破壊されたベンチが放置されているような場所は、きっと何かあるはずなのだ。これまでのスラム取材の経験からそう判断した。

ベンチ越しに茂みを見ると多くの人がいる気配がした。誰がいるのかわからないが、別に躊躇する必要もない。ポケットに入れたカメラを取り出して近づいていき、最初に遭遇した若い男に声を掛けた。

「ハロー。ここでみなさん、何をしているんですか？」

「別に……買いに来たのか？」

「買う？」

「あれだよ、ハシシだろ？」

男の背後には放心したような人々が転がっていた。男が口にした「ハシシ」とは、大麻樹脂から生成された幻覚を引き起こす作用のある加工植物製品、つまり麻薬のことである。ここは麻薬常習者の巣窟だったようだ。ビビって逃げ出してしまってもいいのだが、引っかかるところがある。いま話している男は、ギリシャ人ではなくインド系の顔立ちである。

「君たちは難民なの？」

「難民？　ああ、俺たちは難民だ」

「ドイツに行くの？」

「関係ないだろ。買わないなら帰ってくれ」

早々に追い出しにかかられた。このまま帰ってなるものかと抵抗の意思表示をするべく、カメラを構えて彼の背後の状況を撮影しようとした。

「やめろ！」

男はカメラを取り上げようとした。こちらが失礼なことをしているという自覚はあるが、カメラを取られてしまうわけにはいかない。

「ごめん、ごめん」

「お前は警察か？」

「ただのツーリストだよ。そう興奮しないでくれ」

パイプを取り出した男……吸収中

「じゃあカメラをしまえ。なんのために来たんだ！　帰れ！」

交渉でどうにかなる範囲を超えた興奮度合いだ。薬物中毒者を相手に抵抗しても仕方ないので、ここはうまく流すしかない。「なんだよ、俺はただの旅行者だぞ」と毒づきながらその場を離れることにした。だが、どうにも「難民」を自称した連中の正体が気にかかる。遠目に様子をうかがいながら、もう一度話しかける機会を探っていた。すると、ひとりの男が集団から離れてこちらに向かってくる。

短髪で薄着であることは別にいいのだが、異様だったのは目つきである。ややとろけた感じというのだろうか。薬物中毒者特有の表情を浮かべていたのだ。

目の前の木陰に腰を下ろすとガラスのパイプを取り出していじっている。絶好のチャンスだと思った。

「少し話せませんか？」

「あ？」

「あなたたちは難民なんですか？」

「ああ」

「シリアからですか？」

「違う……何が聞きたいんだ」

少しはまともに受け答えができるようだ。これは取材ができるかもしれない。そう思ったとき、先ほどハシシを売っていた男が私に気づき、近寄ってきて我々の間に割って入った。

「なにやってる。早く帰れ！」

「ちょっと話を聞いていただけだろ。何が悪いんだよ！」

さすがにこちらもムッとして言い返したところ、予期せぬ援護射撃があった。腰掛けていた男が「あっちで話そう」と言ったのだ。売人の男はなにやらわめいていたが、こちらの知ったことではない。連中と距離をとったところで質問を再開した。

「あなたたちはどこから来た難民なんですか？」

「俺たちはカシミールから来た」

カシミールとはインドとパキスタンの国境地帯。この地域は両国の間で帰属を巡る領土問題が起きており、両軍のドンパチも珍しくない危険なエリアである。ついでにいえばハシシの産地としても有名だ。

「じゃあ、難民としてドイツに向かっているのですか？」

「最初はそのつもりだった。だけどいまは動けない」

「ハシシの影響ですか？」

「違う。俺たちはここに来るまでにお金を使ってきた。ハシシは金がなくなったときに売って旅費にしようと持ってきたものだ。だが、ここで使いきってしまった。だからいまは後から来る友達に連絡して持ってきてもらっている。ここにいる連中は（資金源となる）ハシシが届くのを待っているんだ」

状況は理解できたが、シリア難民であふれる欧州にカシミールからの難民も流入しているとは思いもしなかった。彼らが本当に難民であるという確証は持てないが、それでも多くの難民とともに移動して、ＥＵに入るルートを通ってきたことは間違いない。つまり、彼らは麻薬の密輸に成功しているということになる。多くの難民をさばくわけだから、入国管理が甘くなるのも仕方ないところはある。しかし、シリア難民にまぎれて、紛争地ではないエリアからより豊かな生活を求めて欧州に来る経済難民もいれば、テロリストだっているのだ。公園で出会った男たちは、はからずもそうした「様々な動機」で欧州に来ている難民がいることを教えてくれたわけだ。

「お前はこれ、やらなくていいのか？」

目の前でガラスパイプをライターで炙《あぶ》り始めた男は次第に目つきも溶け出していった。これ以上の取材は無理と判断し、公園を後にした。

活気のない売春街と、薬物中毒者たちがたむろする公園。宿に戻る途中、荒廃した裏通りと地面に転がる注射器を見かけるたびに、この国の抱える闇の深さを突きつけられている気がしていた。しかもその闇は、難民問題の陰に隠れてしまっており、世界に届くことはないのである。

揺らぐEU

その後、2週間ほどの難民取材を終えて帰国することになった。ギリシャからバスを乗り継いで北上していき、ドイツ南部の中心都市ミュンヘンにたどり着いた。雪のちらつく寒さの中、多くの難民たちと出会うことができた。

おかげで「報道で伝わらない」とされている彼らの本音を聞くこともできた。一人

彼ら一人ひとりに故郷がある

ひとりが、自分たちの人生、生活、家族、そして差別と向き合いながら必死で移動している。

難民が「何万人」と数字で表されるたびに、それぞれの理由を抱えた個人がいるということがないがしろにされているようで、やるせない思いを抱くようになった。

私自身が見てきた現状を伝えただけでは、難民の置かれた状況は改善に至らない。EU全体、もっと言えば日本、アメリカを含めた世界規模での支援が必要だろう。

思い上がりなのかもしれないが、取材して伝える立場にある者としての力不足を痛感させられた。

旅の終わりを迎えたミュンヘンから、飛行機で約2時間。アテネまであっという間に戻ることができた。同時期に起きたのがマケドニアの国境封鎖[52]である。

これをきっかけに、多くの難民たちの欧州への旅路が断たれることになった。その後も難民たちに対する風当たりは強くなっていき、受け入れを見直す世論が高まるようになったのは周知の通りだ。フランスやドイツなどＥＵ各国で難民受け入れ反対を掲げる政党が躍進、イギリスに至っては移民の受け入れ制限への賛同もあいまって、国民投票の結果、ＥＵからの離脱が決まった。

ヒト・モノ・カネの自由な移動を理念に掲げて発足したＥＵ。その土台が、経済停滞で貧困がはびこる東欧、財政破綻寸前のギリシャ、なだれ込む難民によって崩れ落ちようとしている。ヨーロッパ、そして世界が大きく変わろうとした転換点。それはまさしく私が旅した２０１５年の冬だったといえるだろう。

52　マケドニアは２０１６年から国境をフェンスで完全封鎖した。そのため、これまでドイツまでの移動の主流だったバルカンルートは進行不可能となった。現在はリビアとイタリアを繋ぐ地中海中央ルートが主流となっているが、ボートで北アフリカからヨーロッパまでの海を渡り切らねばならないことから、危険度はバルカンルートよりも遥かに高い。実際、沈没する船が多数報告されている。

第三章 ブラックビジネス最前線

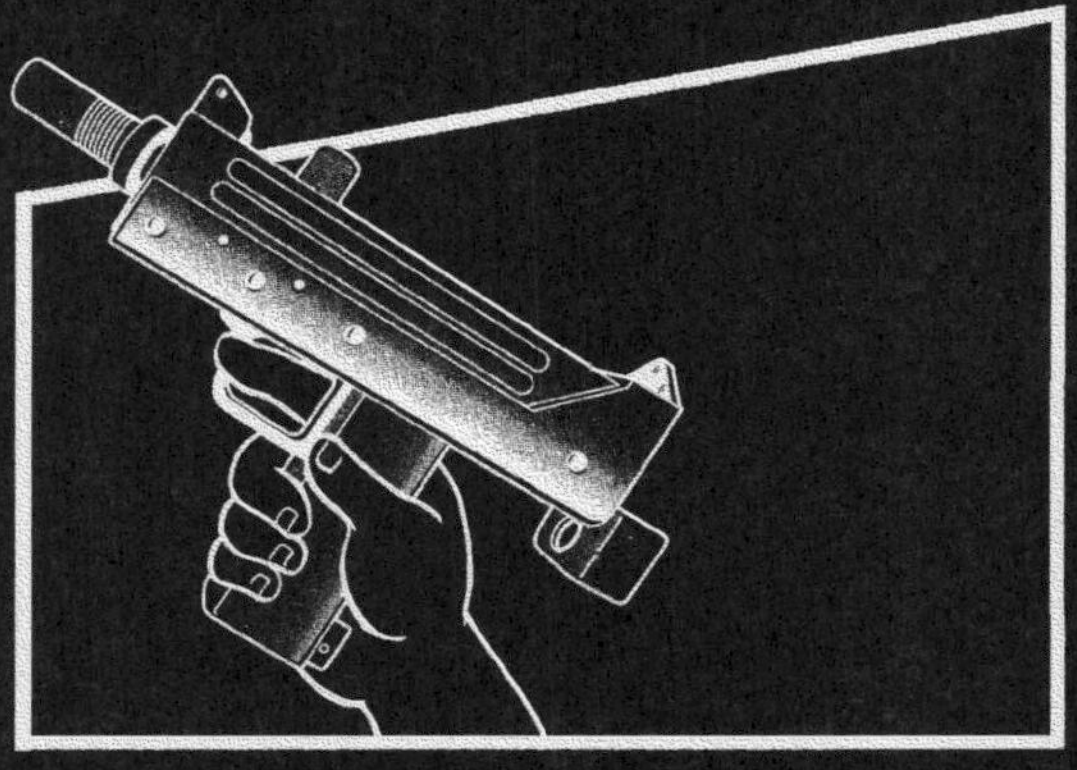

キーワード

ブラックマーケット……非合法に設けられた市場。もしくは違法な取引そのものを指して使うこともある。別名「闇市」ともいわれる。販売される商品は合法なものから違法なものまで様々あるが、現在では違法な商品を取引する場に対して使われる言葉となっている。代表的なブラックマーケットの取引物としては、武器やドラッグ、条約に抵触する野生動物、人間などなど。

中国……世界第2位の経済大国に成長したとかわかりきったことではなく、世界はこの国が持つ底知れないパワーに翻弄されている。とくに中国の消費力は半端ではなく、たとえばシャブ（覚醒剤）の国内流通量が増えると周辺国でシャブ不足が起きてしまうほどなのだ。また、国策として周辺国への侵食を止めるつもりはなく、積極的に拡大を続けている。同時に海外への移住者は増え続け、多数の国でチャイナタウンが生まれ、根付いている。これからも大国としての動きを追い続けていきたい。

ブラックビジネスの何が問題なのか？

違法な商品の取引自体が、そもそも問題ではある。さらに、取引で生まれた利益が犯罪組織やテロリストの資金になってしまうことがあり、重大事件へと発展する遠因となりかねないのである。

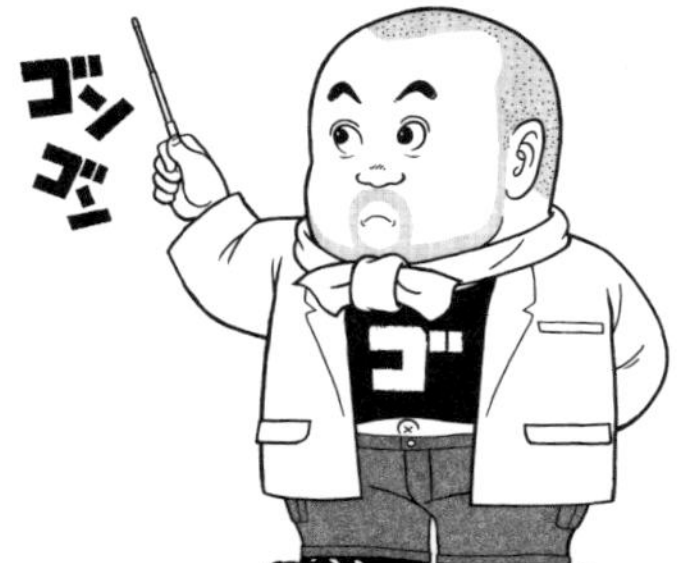

1　香港

経済的に世界でもトップクラスの発展を遂げた街で下流に生きる人々の生活を知るため、裏バイトの実態を探る。

世界を動かすシステム

この世界を動かしているのは何か？

きわめて単純だが簡単に答えの出ない問いだ。

挙げるとするなら、権力、軍事力、カネあたりか。お好きな人なら、闇の権力者でもいると想像するかもしれない。フリーメイソン[53]やイルミナティ[54]まで話を広げると、陰謀論の世界へと足を踏み入れることになってしまうので、このあたりでたたませてもらう。

私なりに思う答えは、「ビジネス」である。もちろん、投資によって利益を増やすという点ではビジネスも「カネ」の領域に含まれるが、私が思い浮かべているのは、物々交換や商品と対価の交換によって成り立つ、シンプルな形のビジネスである。どんなに貧しい国でも、戦場でも、日本人など見ることのない僻地《へきち》であっても、そこに人がいる限りビジネスが存在している。

53　400年以上の歴史を持つ秘密結社。世界を動かす陰謀の中心にいる組織のひとつとして噂される。架空の存在ではなく実在する組織。日本人としては高須クリニックの高須克弥院長が現会員であることでも知られている。

54　様々な秘密結社の上位に君臨するとされる架空（?）の組織。現在、陰謀論の世界で人気を集めている。

スラム街ではゴミ山の中から拾われた使える物が転売され、戦場では食料や武器弾薬、衣料品など多くの物資が取引される。戦火に見舞われた街では、政府の倉庫が空っぽでも、市井《しせい》のブラックマーケットにはモノがあふれているというのはよくある話だ。また、アフリカの奥地に疲労困憊でたどり着いて、こんなところには外国人なんてこないだろうと思って現地住民に聞いてみると「前に来た外国人はスーツを着たセールスマンだった」と言われたりもする。つまり、どんな場所でも需要と供給が釣り合えば取引が行われるのだ。

ビジネスが成立するのは、世界中にカネが浸透しているからでもある。貨幣経済によって世界は動いている。ただし、流通する商品が合法なモノとは限らない。違法な商品の密輸入はもちろん、グレーゾーンにあってギリギリ合法な商品や、それを運ぶ商売だってある。本章では「裏ビジネス」の現場を紹介していきたい。

運び屋横丁

2016年4月、香港の底辺生活者たちを支えるアルバイトがあると聞いて訪れたのは、中国の広東省《カントン》深圳《しんせん》との国境に近い「上水《シャンスイ》」という街だった。

日本人の中には、いまだに中国地方都市＝田舎というイメージを抱いている人も多いかもしれない。だが、近年の地方都市の発展には目覚ましいものがあり、香港郊外も例外ではないのだ。
駅前にはショッピングセンターがあり、上水駅から10分ほど歩き、細い路地から横道に入ると、さらに細い路地がある。そのまわりに食堂や商店が並ぶ。行き交う人々も着飾っている様子はなく、香港の中心部のように洗練された都市感とは違って、中国本土の地方都市のような雰囲気があった。[55]
道行く人の大半はごく普通の服装をしているが、目をこらせば、ある違和感に気づく。大きなトランクやカバンを持った人が多いのだ。荷物を抱えた人々が足早に往来する光景を見ていると、私がこの場所を訪れたのは間違いではなかったと証明されたようで、わずかに安堵したのだった。

荷物をやりとりしている

「香港の裏ビジネスっていったら〝運び屋〟でしょ」

香港在住のライターが教えてくれたのだ。

「運び屋ですか？」

55　発展具合とオシャレ度は必ずしも比例するわけではないと個人的には思うのである。

「そう。ただし、あまり違法なことをやっているとは思わないほうがいいよ」

「それって、密貿易の現場を見てやるぞという気持ちで行くなってことですか？」

「はっきり言って、軽いバイト気分でやってる人が多いんじゃないかな。それは、現場に行ってみればわかるよ」

彼に場所を教えられ、辿り着いた先がここ「運び屋横丁」だった。

香港から中国本土に医薬品、化粧品、食料品などを手荷物として持ち込む人々が集まってくるという。以前は中国本土の人が多かったが、最近では規制も厳しくなってきたので、香港人が増えているそうだ。

路地にはカウンターを備えた店舗らしき建物が並び、店の奥には紙おむつなど様々な商品が積まれている。ドラッグストアの卸問屋のような雰囲気の店が多い。

置かれている商品自体は、市販品ですべて合法のものだった。

いくつか見て回っているとカウンターの奥に中国語で殴り書きされたホワイトボードがあった。そこに「注意!!!」とあったのが気になったので写真を撮るためにスマホを向けた。「カシャ」というシャッター音に店主が気づいた。

「$%&‘〃#$%&!!!!」

中国語で怒鳴られた。なんと言われたのかはわからないが、「写真を撮るな」的な意味だろう。トラブルを起こすわけにもいかず、すぐにその場を立ち去りはしたものの、店主はしばらくこちらを警戒して睨みつけていた。離れた場所で撮影した写真を中国語のできる知人にメールで送ってみる。

〈お金と荷物に関しての補償は受け付けないから注意して〉

そんな内容が書いてあると教えてくれた。どうやら「運び屋横丁」はここで間違いないようだ。今更ながらようやく確信に至った。さすがに、これだけでは運び屋の実態がわからない。どうにか詳細が知りたいと思って、先ほど怒鳴ってきたオヤジから離れた場所をうろつくことにした。すると大学生っぽい若い男の子がいたので、アホな観光客が迷い込みましたという感じで話しかけてみることにした。

何を運んでいるのか

「あの〜、ここってなんなんですか？」
「いや、あなたは？」
警戒心がむき出しだった。
「日本からの旅行者です。このあたりを歩いていたら大きなカバンを持っている人がいたので、ホテルでもあるのかなと思って」

頭の悪そうな感じで笑いながら言ってみた。男の子は警戒心を解いてくれたようで、ちょっとはにかみながら話を切り返してくれた。

「ここにはホテルなんてないよ。商品の販売をしているだけだよ」

「お店には見えないけど？」

「ここでは、カバンいっぱいに商品を買ってもらって中国に行ってもらう。向こうの業者が買い取ってくれるんだ」

「へえ、儲かるのかな？」

「どうかな。君は日本人だろ？　そんなにいい仕事だとは思わないけどね。それでも一回で250〜300HKドル[56]ぐらいの利益になるから、やりたいっていう香港人も多いんだ」

「危なくはないの？」

「よっぽど変なことをしなければ大丈夫だよ。香港と中国を行き来する人は多いから」

聞きたいことが聞けたので、お礼を言って立ち去った。その後も注意して見て回ると、やはりトランクを持っている人が本当に多い。横丁の入り口の路上では、トランクの中身を堂々と詰め直している人もいた。関税を回避して中国国内で販売する。れ

56　約3200〜3900円。

っきとした違法行為の片棒を担いでいるにしては、罪の意識が感じられない。彼らはこのハンドキャリーを引いて、多いときで一日2～3回往復するそうだ。1万円ほどの収入になる計算だ。スラムのようなところであればこれぐらいの収入でも暮らしていけなくはないし、夫婦で共働きならば十分な収入になるだろう。余計な想像をしてしまったものの、この仕事には国境を越えるのでリスクがないわけではない。いまはまだお手軽な裏バイトではあるが、ある日突如として重罪に問われないとも限らない。そういう国を相手にしているのだということを、牧歌的な運び屋たちを見ているとつい忘れそうになってしまう。

それでも、この商売が成立するのは、特別行政区としての香港の独立性が維持されているからである。本来ならば発生する関税を、運び屋たちが持ち込むことにより払わずにすむので、利益を上げられるという仕組みだ。

香港政府の中国寄りの姿勢から、民主的な自治を求めた若者たちが繰り広げたデモは雨傘革命[57]として注目を集めた。

運び屋稼業は、この独立が守られている限りは成立するのだ。違法な商売を応援するわけではないが、この商売が長く続けられる環境があることは香港人にとって喜ばしいことなのだろう。

57　抗議活動が始まった2014年、中環（セントラル）に集まった群衆のなかに私もいた。外国から来たジャーナリストに若者たちは敬意を払ってくれ、「前へどうぞ」と譲ってくれた。そして、いつのまにか私の目の前には警察だけ。最前列に来ていたのだ。あの瞬間、私は香港史に残る現場に間違いなく立っていた。

2 フィリピン

銃を密造している村がある。いったいどんなところで、誰が買いにきているのか。そもそも、どうしてリスクのある商売を始めたのだろうか。全容を解明したい。

フィリピンのトランプ

2016年5月のフィリピン大統領選挙で、ロドリゴ・ドゥテルテが当選した。ドゥテルテは、フィリピン南部のミンダナオ島で独裁市長として君臨してきた。自警団[58]を組織して犯罪者を処刑・暗殺してきたことで知られている。

彼の過激な方針は、海外の人権団体などから非難の的にされているが、本人は圧倒的な国民の支持を背景にしているだけあって、まったく気にする素振りもない。それどころか過激な言動は日に日に強まっていく。〝フィリピンのドナルド・トランプ〟は、もはや東アジアの中心人物のひとりであることは間違いない。

おかげで近年になくフィリピンの立ち位置が注目されている。

そんなフィリピンには以前から興味があり、何度かスラム街を中心に取材してきた経験がある。なかでも、現在、大統領が粛清を続ける犯罪組織と関わりのある裏ビジネスの取材として、拳銃の密造村に潜入した際のことを紹介したい。

58 ダバオ・デス・スクアッドが有名。

拳銃密造村へ

2014年10月、フィリピンで銃を密造している村があるという情報を入手した。ちょうど『クレイジージャーニー』のスタッフが同行し、マニラのスラム街での取材をしていたので、そのまま一緒に密造村へ向かってもいいかとも思ったが、潜入できるかどうかもわからないうえ、テレビカメラを同行させるにはリスクが高すぎる。

(自分ひとりで行こう)

そう判断して、マニラでディレクターさんにお引き取りいただいた。彼を見送った後、単独でセブ島へと向かった。

セブ島と言えば、東南アジア随一のリゾート地だ。海沿いには高級ホテルが建ち並び、日本からも多くの観光客が訪れる。そんな場所で銃の密造とは、にわかに信じがたいが、マニラでさらに情報収集していると、現地在住の日本人が教えてくれた。

「セブでは知られた話だよ」

「いまでもやっていますかね?」

「工房のある村だとあちこちからカンカンという銃を作っている音が聞こえる。あれ(密造)は地元の産業なんだよ」

〝銃密造村〟は、セブ島の中東部、ダナオという地方の小さな漁村だとわかった。

（小さな漁村ぐらいなら簡単に見つけられるかな）

この考えがいかに甘かったか、その日のうちに思い知ることになった。

「ダメだ。お前を案内することはできない」

ダナオに着いて、現地在住の日本人から紹介してもらったフィリピン人を介して密造工房の人間に話をしてもらったところ、まさかのお断り。あちこちからカンカンと音がするという話だったが、製造音を聞くどころか、取材の端緒すら見つけられずにいた。

これはいったいどうなっているのだ、と取材の先行きに不安を感じたのは、ダナオが聞いていたよりも発展した大規模な町だったからである。日本メーカーの工場やホテル、ビルが建ち並んでいて、少なくともここで闇雲に歩き回っても、密造工房は簡単に見つけられそうにない。

そこで私がとった最終手段は、道行くガラの悪そうな人に、手当たり次第に声をかけること。何人目かにつかまえた、チンピラ風の男に頼んでみることにした。

「拳銃密造工房に案内してほしい」

「知り合いにいるから聞いてみる」

と、出会ったばかりの外国人のためにあちこちに電話をかけてくれた。このあたりはフィリピン人の適度にテキトーな気質がありがたかった。しかし、交渉はまったく進展せず。チンピラの友達のさらにその知人、そのまた友人を……と、10人以上をたどることになった。

この時点で私も薄々気がつき始めていた。もしかしたら、潜入捜査だと疑われているのではないだろうか、と。

フィリピンのことだから、裏ビジネスもあけっぴろげにやっているのだろうとタカをくくっていたのが間違いだった。もっと警戒心の強い相手を取材するのだと気持ちを切り替えた。私が疑われないためには、身分をもっともらしく偽装する必要がある。

「日本から来たガンマニアがセブのガンスミス（職人）と話をしたがっているって伝えてくれないか？」

チンピラにあらためて頼むことにした。

「いいけど、次の工房あたりが最後だぞ。これ以上は知らないからな」

「それで頼むよ。あくまで俺は観光で来たんだよ。だから信じてほしいんだ」

よくもまあ、こんな嘘を平気でつけるものだと自分の口を自分でまったく信用できない。それでも、チンピラの兄ちゃんがもっともらしい話を伝えてくれたおかげだろう。ようやくある工房の見学が許された。

メイド・イン・ジャパン

見学許可をもらってきたチンピラが車に乗せて連れて行ってくれるという。街から30分以上走っただろうか。「ここだ」と言われて車を降りた。

山の中腹に向けて一本道が通じている。

「ここを進めばいいの？」

「そうだ。あの家の裏に工房があるから行くといい」

この時点ではまだ確信が持てずにいたのだが、歩いて行くと小さな家が見えて、同時に「カーン、カーン」と金属を叩くような音が聞こえてくる。

音の発生源は家の横にある竹や木で作られた小さなハット（小屋）。それも軽く押せば壊れてしまうんじゃないかというぐらいのオンボロな造りだ。

ハットには小柄な50歳ぐらいの男がいた。

「日本人か？」

「そうだ」

答えると握手を求めてきた。工房内には作りかけのハンドガンがいくつか置いてあった。

「どうしてこんなところに？」

ここが工房だ！　すごくボロいが機能は十分

「日本では見られない場所だから。俺は銃が好きなんだ」

「そんな理由でわざわざ来たのか！」

「そうだよ」

「ここはなんで知った？」

「前にニュースで見たことがあるんだ。ＣＮＮかなんかだったと思う」

「随分前に外国人が取材に来たことがあった。10年ぐらい前だと思うが」

「多分、そのニュースなんじゃないかな、俺が見たのは」

　嘘ではない。実際、この裏ビジネスをリサーチした際に海外のニュースサイトがいくつかヒットしたのだ。割と新しい記事だったかと思うが、取材者がいつここに来たかなんてわかるわけがないし、そもそも銃マニア設定の私が、そんなことに詳しい必要もないだろう。

「ここで銃を作っているんだね。いや〜、興奮するよ！　すごい！」

あまり脈絡はないのだが、とにかく感動を安売りすることで、いかに自分がここに来られて嬉しいのかをアピールすることにした。

なにせ、銃マニアが密造工房に来たのだ。余計なことを話す前に感動するのが自然だろう。実際、そんな私の様子を見た男は、工具を動かしながら銃の製造工程を説明してくれた。

「俺がやっているのは、ここでパーツを仕上げていく作業なんだ」

ひとつずつ手作業で銃の部品を組み上げていくのだという。工程を説明されるたびに「エキサイティング！」とか「かっこいい！」と声を上げた。その様子を見たチンピラのひとりが一丁の銃をつかみ、嬉しそうに自分のこめかみに当てて言った。

「本物だぜ」

その迫力に一瞬、固まってしまったが、せっかくなので写真を撮る。するとチンピラは嬉しそうに笑った。

職人の男は銃の説明を続けてくれた。約2週間で一丁の銃を仕上げる。種類によっ

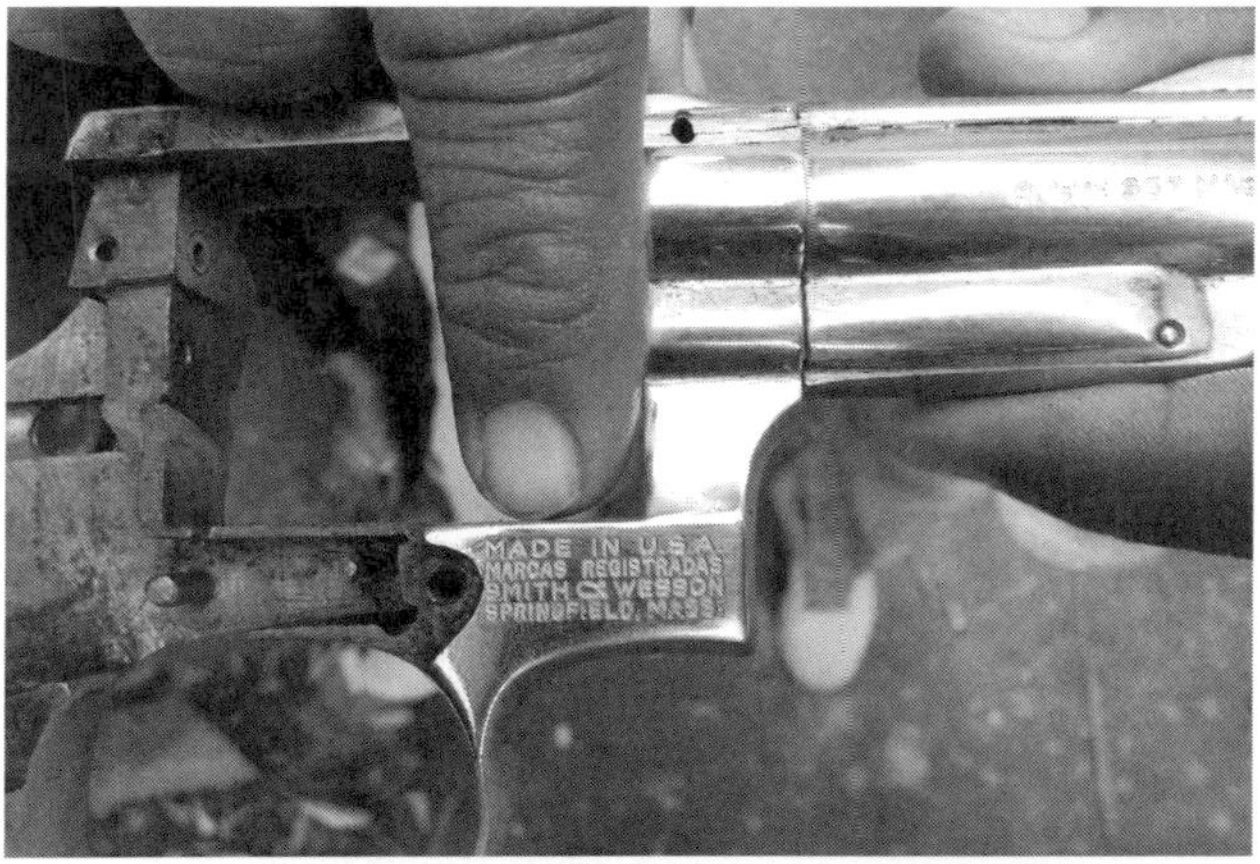

（上）銃の刻印　（下）工房まで案内してくれた人

て値段はまちまちだが、一丁5万〜10万円とリーズナブルな価格設定になっている。

ふと、先ほどのチンピラがいた場所に作りかけのハンドガンが置いてあるのが目に入った。フレームだけでわかるのは、リボルバータイプの銃であるということ。

「この銃のフレームにMADE IN USAって刻印してあるけど、本当はMADE IN PHILIPPINESだね」

「いやいや、違うんだ。これは、日本製なんだよ」

「はい？」

「ここで作っている銃のパーツは、日本で作っているんだ」

予想外の展開だった。

「日本で作っているってことは……え？　わからないんだけど」

「そうだな。あれは20年ぐらい前だと思うが、日本からヤクザが何人か来て、この村の職人を日本に連れて行ってしまったんだ。それから日本で作ったパーツがここに届けられるようになった」

「日本人のヤクザが!?」

「俺たちはその連中が送ってくるパーツを加工しているわけだ。だからMADE IN JAPANなんだよ」

「こっちに送るって……密輸ですよね？」

「そうだよ」

何が悪いのだ？　とでも言いたげだった。

「いや、税関とかで見つからないの？」

「もちろん全部が無事に届くわけじゃないが、損失分は銃の価格に上乗せするから問題ない」

そういう問題でもないような気がするんだが、ここで言い争っても仕方ない。

「いまでもそのときのヤクザは来るの？」

「さっぱりだな。昔は日本のヤクザがたくさん来ていたよ。でも最近は本当に見なくなったな」

男はどこか懐かしむように言った。仕入れ先は思わぬところから判明したのだが、そうなると、いまのメインの顧客は誰なのか。

「ところで、どんな顧客がいるの」

この質問に男は少し強張《こわば》った顔をした。そして、少しだけ間を置いてこう言った。

「アブサヤフ、ジェマ・イスラミア」

フィリピン南部やインドネシアを拠点にするテロ組織の名だ。これはとんでもないところに来ている。その実感が妙に私の口を軽くした。

「へえ。そんな連中が買いに来るんだね。ところで、そんな連中がクライアントだと、俺がここにドキュメンタリーを撮りに来たジャーナリストだったらどうするの?」

もちろん、嘘をついてここに潜入しているという後ろめたさからの適当な誤魔化しだった。この経験から、人は自分の嘘がバレそうなときに口数が多くなるという俗説を私は完全に信じるようになった。なにせ余計なことを言ったばっかりに、もっとも聞きたくなかった言葉を職人の男から聞くはめになったからである。

「殺すよ」

これが耳に入ってから、私の時間は止まった。周囲の男たちの顔から表情が消えた。それだけじゃない。自分のまわりの空間から音が喪失したように感じた。ただ静寂のなか、遠くから虫の声や木々のざわめきのような音だけが響いていたような気もする。

停止した時間が、どれほどだったのかもわからなくなった。数秒なのかもしれないし、数分が経過してしまったかもしれない。黙り続けていたら疑いも確信に変わってしまうかもしれない。取り繕うように私は口を開いた。

「冗談だよ、冗談。ここで撮影した写真は、俺のプライベートなコレクションにするためだからさ」

「冗談か」

そう言ってチンピラたちも一緒に笑ってくれた。この笑顔の裏には、静寂の一瞬に垣間見せた殺意があるのかと思うと、余計に恐ろしかった。私の感じた恐怖がどれほどだったかと言えば、帰り道、妙な興奮と疲労で、眠いのか目が冴えているのかよくわからず、ペニスが勃起しておさまらない状況[59]に陥ったほどだ。ギンギン状態がおさまらず、かなり焦ったのをいまでも鮮明に覚えている。

こうして身をもって体験したおかげで、この拳銃密造工房がなぜここまで難易度の高い潜入取材となったのかも理解できた。クライアントが裏社会の人間……テロリストを含む。それは、知られてはならない情報である。当然のことながら、簡単に取材できるものではない。あくまで銃マニアの旅行者を装ったから見ることができたのだろう。

ちなみにチンピラや密造村の職人も完全な善意から協力してくれたり見学を許してくれたわけではない。私の支払う謝礼金が目当てである。過去にスラムのボスから数万ドル単位で金を請求されたこともあるが、こうした取材の場合、謝礼を払い出すとキリがないので、タバコ一本ないし一箱で済ますこともある。

かなり頑張ってくれたなと思ったときは、お金を支払うこともあるのだが、基準はその国で昼飯を食べられるぐらいの金額に設定する。あまり高額だったり、反対に子供の小遣いぐらいだと釣り合わない。ちょっとした口利き料としては、昼飯代が浮くぐらいの金額が、いちばん誰かを怒らせたり傷つけたりせずに済む。

59　危険に直面した生物は生存本能が発揮され、生殖本能が強力に目覚めるという俗説がある。とくに信じてはいなかったのだが、この取材での強烈な経験が本能を刺激したらしく、勃起するという現象に見舞われたのだった。

あまり参考にならない裏知識かもしれないが、潜入取材をする際にはぜひ活用してもらいたい。

最強の大統領との攻防

拳銃密造工房の取材時は、この国の次期大統領が世界的に注目を集める存在になるなど考えてもいなかった。

「犯罪者は皆殺し」と公言して憚《はばか》らない、ドゥテルテという最強の武闘派の大統領が、次々と麻薬関連の犯罪者を殺害し、逮捕者も連日増加している。

麻薬犯罪の撲滅を公約に掲げて当選したわけだが、無実の一般市民を巻き込んでいるのにもかかわらず、2017年現在、国民の支持率は下がる気配がない。おかげで、取り締まりの範囲も拡大を続けている。いずれ、ダナオの密造工房も摘発されるだろう。テロ組織とつながりのある場所を、ドゥテルテ大統領が放置するとは到底思えない。

だが、したたかなフィリピン人のことである。おめおめと黙って潰されるというのも考えにくい。いざ、捜査の手が入ったら、密造工房はどこに逃げるのか。あるいは、ビジネスの形態を変えて生き延びていくのか。今後も注意深く見ていきたい。

3　バングラデシュ

世界で一番危ない仕事を探していくと必ず名前の挙がる船の墓場。いったいどんな場所で、どんな人がどんな条件で働いているのか。知りたいことは山ほどある。

「今度、ゴールデンスペシャルになるかもしれないんですよ」

『クレイジージャーニー』で演出を務める横井さんからの連絡だった。

「ゴールデンって……いいんですか？　『ジャーニー』[60]ですよ」

「僕もそう思うんですが、まあ、ほぼ決定ということでして」

「関わりのある者としては、嬉しいですけど……」

　横井さんが連絡してきた時点で、私の旅に同行したいと言われるのだろうと予想はできる。別に『ジャーニー』に出たくないわけではないのだが、私はテレビタレントではない。テレビ局側の都合に振り回されるのは御免である。

「それなんですけどね、近々で、どっかインパクトのあるところに取材に行く予定とかないですかね？」

　うわ〜、出たよ。本当にいつも勝手なタイミングで言ってくれるよな、別に横井さんに悪意はないのでいいけども。

60　スタッフや出演者のあいだでは、『ジャーニー』という略称が使われることが多い。

「実は佐藤健寿《けんじ》さんが、キューバを取材してきてくれまして、それがなかなかのインパクトだったんですよ」

『クレイジージャーニー』のもうひとりの常連出演者である、世界中の奇妙な景色を集めた『奇界遺産』[61]で有名なフォトグラファーの、佐藤さんの名前が出た。佐藤さんも出演するのなら、面白い回になるだろう。

とはいえ、私には関係のない話だ。彼には彼のスタンスがある。

「ゴンザレスさんだったら、考えている取材先はいっぱいあるんでしょ？」

「そりゃあ、それが仕事ですからね」

「どんなのがあるんですか〜」

知らないうちに横井さんのペースに乗せられていた。いつものパターンではあるのだが、この人はこうやって私の扱いに長《た》けてきているような気がしてならない。ともかく、このときにいくつか挙がった取材先の選択肢のひとつが、「船の墓場」だった。この時点では取材がどのような結末を迎えるのか、頭の片隅にも想定できていなかった。

船の墓場

「船の外壁や、ドアなどをガスバーナーを使って切り取り、それを岸まで人力で運ぶ

61　エクスナレッジ刊。

んだ。大きな塊《かたまり》はロープに結びつけ、大勢で引っ張る。ときには船からオイルやガス漏れがあり、気づかずバーナーを使って、爆発するような大事故もあったよ」

解体所近くの集落に住む労働者は、過酷な作業環境についてそう語った。

２０１６年６月末、私はバングラデシュ最大の港を擁する海港都市チッタゴン[62]を目指していた。

アジアのなかでも面積の小さい国として知られていることもあり、移動時間は短いだろうとタカをくくってしまいそうなところだが、首都ダッカから陸路で8時間はかかる。さらに、世界最悪ともいわれる交通渋滞を乗り越えて行かなければならない[63]。

どうして、そんな苦労をしてまでチッタゴンを目指したのか。ここには「船の墓場」と呼ばれる場所があるからだ。

世界中から大量の廃船が集められ、日々解体作業が行われているのだ。まさにその名にふさわしい場所といえるだろう。しかも、巨大なタンカーや客船を重機など使わず、ほぼ人力だけで解体している。作業には危険が伴い、死亡事故も起きるそうだ。「世界一危険な仕事場」などと呼ぶ人もいるほどだ。

危険がないと生きていけないデンジャラスジャンキーではないが、ここまでのヤバい条件が揃った場所を取材しない手はないというぐらいには考えてしまう。

また、世界有数のファストファッションブランドが、人件費の安さと質の高さに目

62　バングラデシュ第二の都市。人口は370万人。港町として有名だが、イスラム過激派が多いエリアとしても知られている。

63　これを避けて深夜に移動したが、それでもそこそこ渋滞していた。

をつけて以来、アパレル産業はこの国の労働環境を変える一大ブームになっていた。発展著しいバングラデシュを見ておくことは、今後のアジアの動静を考えるうえで欠かすことのできない要素だろう。

チッタゴンの街の中心部に向かう道路沿いには、見慣れない金属や部品が並んでいる。

「船から運びだされたリサイクル品ですよ」

車窓から不思議そうに眺めていると、通訳兼案内人のPさんが教えてくれた。言われて見れば、船の外壁の一部と思われる鉄板やエンジン、階段、イカリなどの巨大な金属塊が並んでいるのがわかる。また、キッチンのシンクや便器だけを扱う〝専門店〟も存在していた。専門に扱う店があるということは、流通経路が細分化されたうえに、ある程度はシステマチックに機能しているというのがうかがえる。

バングラデシュ国内の鉄鋼生産の半分は、船から取り出された鉄のリサイクルでまかなっているといわれている。船の解体は鉄の需要をまかなう一大産業であると同時にチッタゴンの街を支える最大の収入源となっているのだ。

「〝解体所〟が近くにありますよ」

Pさんが教えてくれた。

「見に行きますか？」

解体現場

「もちろん」

さっそく、海岸部に向かった。小さな子どもや労働者風の男たちがたむろする集落をいくつか抜けると、視界の先には巨大な鉄の塊が見えてきた。それが解体中の船であることはすぐにわかるのだが、船体の前後から切り崩されているのでとても違和感がある。

まるで荒廃した未来世界にでもいるかのような現実味のなさだった。

ちょうど干潮時だったため、海岸から約100メートルのところに座礁したような形で巨大な船が何隻も並び、なんとも不思議な光景だ。しかもそのすぐ横のぬかるみを、米粒大にしか見えない人々が歩いている。解体作業を行う労働者の姿だった。

「もっと近くで見たいんだけど」

「近くに行くことは可能ですが、許可を取らずに近づくとトラブルになりますよ」

正式な許可を得ていない外国人に対して、優しい国ではないことを強調された。Pさんにしてみれば余計なトラブルは避けたいところだろうが、こちらは少しでも現状把握に動きたい。正面からNGを出されたとて、それぐらいで諦めるはずもない。

干潮とはいえ沖合にはそれなりの水量があり、そこをオレンジ色のボートが航行しているのが見える。

「あのオレンジ色の船って……救命艇？」

「そうです。漁船に改造して使っているんでしょう」

「そんな器用なことをやっているんですか」

非常事態でしか使われることのない救命ボートが漁船に転用されるなど、ここでしかお目にかかれない貴重な光景だ。私の頭に抜け道が浮かんだ。

「あの船に乗れないかな？」

「あれですか……交渉してみないとわからないですね」

「やってみましょう。できるだけ近くから見てみたいんで」

こうして解体中の船をさらに近くで見るため、ボートをチャーターし、沖から迫ることにした。

漁師が集まっている桟橋にはこれまたリサイクル品の元救命ボートが大量に繋がれている。網や漁具らしきものを積んでいるところからも、本当に普段は漁船として使用されているのがわかる。

「船に乗せてもらってもいいですか？」

「え……」

明らかに困った顔をした男が、Ｐさんに何やら伝えている。やりとりを重ねること数分。

「大丈夫です。乗ってください」

「さっきの交渉はもめなかった？」

「あまり近くには寄れないと言われただけです」

バングラデシュに限らず、南アジアの人々は無駄に話が長い。会話によるコミュニケーションを大切にする文化があるのだろう。ともかく、心配することもなかったようで、沖合に出た私たちは「船の墓場」の迫力に圧倒された。

解体を待つ船の数は正確には把握できない。ただ、沖から見通せる範囲はびっしりと巨大な船影で埋め尽くされていた。目視できるだけでも１００隻は優に超えているだろう。

「こんな光景、見たことない！」

思わず叫んだ。それほどの規模と迫力だったのだ。翌日から本格的な取材を始めるにあたって、これ以上ないほどの刺激を受けた。

ちゃぶ台返しは突然に

「許可は出ている。だが、解体業者のほうが認めない以上、入ることはできない」

「船の墓場」を見て回った翌日。私たちは日本でいう知事にあたる人と面会をしていた。

取材前に、政府レベルでの許可を得ていたのに、現場でひっくり返されてドタキャンされたのだ。わけがわからない。だが、ここはバングラデシュである。意味不明なトラブルは想定の範囲内だった。あくまで、この時点ではだが。

なんと以降の数日間、あらゆる手段でコンタクトを試みたが、最終的な決定権を持つ「船の墓場」を運営している会社の組合の責任者につないでもらうことはできなかった。

「いったい何が起きてると思います？」

一向に進展しない取材に、苛立ち混じりにPさんに質問をぶつけた。

「私にもわかりません。一体どうなっているのか……」

バングラデシュ人である彼ですら困惑するほどの異常事態であることはわかった。だが、なんの進展もないままで取材を終わらせることはできない。

そもそも、許可が下りない理由はなんなのだろうか。まずはそこを解き明かす必要があるだろう。

打開策として、私は地元で著名なジャーナリストに接触することにした。いま、私たちの知らないところで何が起きているのか。Pさんを通じて約束をしてから、会うまでに2日もかかった。

待ち合わせ場所に4時間以上遅れて現れたのは、ずんぐりむっくりした体型の壮年の男。タヌキのぬいぐるみに空気を詰め込んだような風体だった。

有名なジャーナリストということだったが、少々ガラが悪い。タヌキ親分と呼ぶことにした。はっきり言って、言論系の活動家や総会屋のような印象を受けた。

本来なら関わるべきではないのだろうが、ほかに頼る相手もいない。私たちはタヌキ親分にいま置かれている状況を説明した。

すると、親分のタレ目のタヌキ顔が一変。キリッと鋭い目つきになって言った。

「君の求める取材を正面から頼んだところで、絶対に実現はできないだろう」

「ここまで断られてきたんだから、そう言われるだろうことは予想していました。それよりも、なぜ断られているのでしょうか」

「『船の墓場』は、世界から注目されている。それは過酷な労働環境だからだ」

「世界一危険な職場だって言われていますね」

「そうだ。それを取材したいと世界中のメディアが来た。おかげでバングラデシュの解体業者たちは批判にさらされている」

「最近は労働環境も改善されたと言われているようですが、そうした批判を避けるためということですか？」

「そうだ。だが、世界的に非難されている業者にグローバル企業は仕事を頼めなくなってきた。企業のモラルが問われるからだ。おかげで、解体業が中国に流出しているのだ」

「船の墓場」は、風体こそ異様ではあるが解体業者の屋外ドックである。同じ業態ならば、インドや中国にもある。そこに仕事が流出しているということらしい。

「私たちはありのままを伝えようと思う。だから、そのことを会社にも伝えてほしいんですよ」

「たとえ君がそう考えているのだとしても、１％でもネガティブな報道をされる可能性があるとしたら、彼らは断ってくるだろう」

「じゃあ、どうしようもないってことですか？」

「残念ながら、そう言わざるを得ない。だが、希望は残っている。明日、私が話をつけに行こう。これでも、いままで何度となく取材をしてきたのだ。だから、明日、合流して『墓場』に行こう」

「ありがとうございます」

こうして、親分の言葉に残されたかすかな可能性に希望を見出したが、それも束の間。急転直下で不測の事態が起きた。

誰も予想していなかった最悪のトラブル。会談を終わらせてからわずか数時間後、私は緊急帰国を余儀なくされた。

ダッカ・レストラン襲撃人質テロ事件が起き、日本人7人が殺害されたのだ。

2016年7月1日に起きた凄惨なこの事件を[64]、記憶している人も多いだろう。

犯人たちがダッカでレストランを襲撃したのは21時21分。私がホテルに戻った直後だった。隣室のPさんが部屋を訪ねてきて「大変なことになった」と言ってテレビをつけた。BBCには銃を持った警察官が映し出されていた。テロが起きたのはわかったが、ニュースを見ているだけでは詳細がいまひとつわからないし、詳しくやっているらしい現地メディアの放送は言葉がわからない。Pさんに通訳を頼んだが、彼もショックを受けているようで、反応が薄い。

「どうしますか?」

Pさんの言葉に、いろんな意味が含まれていたのはわかる。この先の取材も含めた判断が私に委《ゆだ》ねられた。しかし、独断するわけにはいかない。今回は『クレイジージ

64　IS(イスラム国)が犯行声明を出したが、政府は地元過激派組織「ネオ・ジャマートゥル・ムジャヒディン・バングラデシュ」の犯行としている。

ャーニー』のディレクターが同行しているのだ。

別室のディレクターを部屋に呼び出し、緊急ミーティングを開くことにした。同時に日本にいる横井さんに連絡をつける。ＬＩＮＥで「テロが起きた」と伝えるが返信はない。日本との時差は3時間。すでに深夜になっている日本では、報道がバングラデシュよりも遅れているのだろう。

部屋に来たディレクターとの話し合いが始まると、すぐに膠着状態になった。私には、なるべくなら残って取材したいという思惑があった。ジャーナリストとしてはこれ以上ないほどのタイミングだから、不謹慎なのは承知だが、それでも現場に行きたいと思っていたのだ。だが、ディレクターは一も二もなく帰国するべきだと主張。平行線の話し合いは体力と気力と判断力を奪っていく。

結局、現段階では情報が少なすぎるし、明朝に判断を下そうということになった。

翌日、信じられない量の着信とメッセージがスマホのディスプレイに表示されていた。日本にもこちらの様子が伝わってしまったようだ。これはいよいよ腹をくくらねばならない、そう思った。

まずは情報収集をするためにロビーに降りる。すでに警察官が来ていた。フロントに行ってホテルの人間に話を聞いたり、宿泊客と話したりしたところ、現地でパニックが起きるということはなかったようだ。だが、妙に冷静な警察官の姿が、かえって事件の深刻さを物語っていたように思う。

「私たちの護衛力では不測の事態に対処できない。なるべく早く、この街を去ったほうがいい」

この警察官の言葉が決定打だった。ここで取材を中止する決定を下すことにした。バングラデシュ国内のテロ事件は、非イスラム教徒や外国人をターゲットにしたものである。つまり、私や、同行した『クレイジージャーニー』のディレクターがテロのターゲットになることはあっても、警察や一般市民が巻き込まれる確率はかなり低いのだ。

そんな状況であれば、警察の冷静さも納得できる。だが、事情がわかったところで、現実が変わるわけではない。

本音を言えば、このままバングラデシュに残って取材を続けたかったが、留まることがリスクである以上、無茶をすることはできない。

慎重に周囲をうかがいながらホテルを脱出し、すぐに空港へと向かった。

テロの発生後、ホテルに来た警察官が同行してくれていた。私たち日本人の間だけだったのかもしれないが、恐ろしいほどの緊張感が漂っていた。当時の報道に、「コーランを暗唱できた人は助けられた」というものがあったからだ。つまり、ムスリムならばテロリストに接しても助かる可能性がある。しかし、外国人ならば高確率で殺される。そう思うと嫌でも顔が強張ってくる。

情報と想像力が私たちを追いつめるなか、空港へ向かう車窓から目に入ってきたのは、いつもと変化のないチッタゴンの街の風景だった。

テロが起きても、市民たちはいつもと変わらない暮らしができる。テロが起きることは、当たり前の日常だったりする。

そう思えば思うほど、どこにいても危ないような気がしてきた。だからこそ、帰国するまでのルートは安全第一でありながら、できるだけ現地滞在時間の短いものを選択したかったのだ。

国外への脱出ルートとしては陸路もあったが、イスラム過激派の影響下にある（とされる）場所を通過することになるため、空路を選択したのだった。

私たちがホテルを発ってから24時間後、バンコクのスワンナプーム空港に着いた。日本到着より、この瞬間のほうがホッとしたことをよく覚えている。

私の取材はここで終わってしまったが、それでも見えてきたことがある。テロ事件にも遭遇し、温度差はあるが、まとめておきたい。

船の解体作業はかつて「世界一危険な仕事」と呼ばれていた。ここ数年、賃金も上がり、徐々に労働環境は改善されているというが、命がけの仕事であることには変わ

（上）人が豆粒のように見える　（下）セルフィーをしてみた

りはない。

「息子にはさせたくない仕事だよ」

冒頭で語ってくれた労働者が、そう言って顔をしかめたのが印象的だった。

取材前は、命の危険を伴う解体はさながら「裏稼業」であるように思えたが、現場を取材して見えてきたのは、労働者たちの悲痛な叫びと、改善を迫られた経営者の苦悩だった。

解体ドックを持っている会社のなかには、造船業に進出する動きを見せているところもある。一部、日本でも報道された。しかし、解体待ちをしているあれだけ多くの船を見てからだと、簡単に造船へと転身できる会社がどれだけあるのかは疑問である。

中間業者や労働者には、隙間を縫って裏ビジネスに参入する余地も可能性もあるだろう。低賃金のアジアに労働力を求める西側諸国の大企業。ファストファッションを身に着ける際には、遠く離れた国が、私たちの暮らしに繋がっていることを思い出してもらいたい。何より、これだけの悲劇が起きた場所でもある。決して無関心ではいけないと思うのだ。

余波

『クレイジージャーニー』のゴールデンスペシャルは、本書にまとめているようにありのままが放送された。正直なところ、帰国した時点で、私は自分のやるべきことを半分は達成したと思っていた。放送されるかどうかの判断はどうでもよかった。ただ、自分がジャーナリストとして取材した以上、なんらかの形にして残り半分のやるべきことを果たそうと考えていたのだ。

だから、「ありのまま起きた現実」としてゴールデンタイムにテレビ放映されたことには、驚かされた。放送に踏み切った横井さんを始めとするスタッフの皆さんには、「あなたたちが一番クレイジーである」と、あえて最大の賛辞を贈りたいと思う。

そして、願わくはテロの惨劇が忘れ去られることなく、多くの人の記憶に刻まれていってほしい。それは、私たちのいる世界がこれから迎えるであろう、混沌とした状況を乗り切っていくためにも、次の世代に伝えるべき悲劇のひとつだからだ。

4 ジャマイカ

命のやりとりで商売をする人間がいる。そのことをフィクションで知っている人は多い。だが、（依頼を達成し、人を殺した）本物の殺し屋と実際に会えるケースは稀である。そんな殺し屋の実態に迫る。

職業は「殺し屋」

需要があって供給が成り立てば、それはすなわちビジネスである。そこでやりとりされる商品が「命」で、提供されるサービスが「殺し」であってもだ。

命を扱う商売はブラックビジネスに含めていいのではないかと思うので、ここで紹介しておきたい。これまでにいくつかの国で殺しを経験した人たちに会うことができた。それは、偶然が重なった結果だったり、人の紹介だったりした。

日本国内で殺し屋に出会ったこともある。

「義理と金だよ」

そう語った男は元ヤクザだった。

「世話になった人から大金を積まれたんだ。殺してほしいヤツがいるって。実際には『殺せ』とははっきり言わなかったけどね。あくまでこちらの意志で殺すことで、関係性を断絶させて、依頼者に警察の目が行かないようにしたわけだよ」

見るからに修羅場をくぐってきた大人の男という印象だった。

「訓練とかはしたんですか？」

「しないよ。道具は用意していたから、後は覚悟の問題だしな」

「道具ですか？」

「ああ、銃を用意した。高架下で練習しようとも思ったけど、まあ海外で撃ったこともあるし、絶対に外さない距離で引き金を引けばいいだろうと、とくに何もしなかった」

それから「ターゲット」がどうなったのかを聞くのはためらわれたが、聞かないわけにはいかない。

「結果は？」

「やったよ。おかげで熊本に長く入ることになったけどな」

熊本刑務所のことである。ヤクザ者をはじめ、比較的重い罪の受刑者が多いとされている。九州で取材をしているときには、「ワシらは熊本で同期やけん」などと、刑務所内でのつながりを強調する人に会うこともあった。熊本にいた男に、出所したときの気持ちを聞いてみた。

「後悔していませんか？」

「被害者には悪いと思ってる部分はある。だけど、どこの誰かも詳しくは知らないからな……むしろ、逮捕されたおかげで貰い損ねた報酬のほうが気になるな」

悪ぶっているのか、本心なのか。すでに50歳に手が届こうとする男のこれから歩むであろう人生は、決して楽なものではない。彼自身もよくわかっているはずだ。だから、その背中を見送りながら、恐ろしい人というよりも、悲しい人のように思えたのだった。

ちなみに、男が受け取るはずだった報酬は1000万円。実際に受け取れたのは前金として、その半分だけだったそうだ。

私が日本で接触した男は、依頼に基づいて殺しを実行したのだから「殺し屋」といえるだろう。しかし、いわゆる冷徹な「殺し屋」のイメージとは少し違うように思った。システマチックに何人も殺しているような、そんなヤツがいたら会って話してみたい。どんな死生観で生きているのだろうと思っていた。

スラムの殺し屋

ジャマイカの首都キングストンには無数のスラム[65]がある。そのなかでもトップ3に入る治安の悪さを誇るのがウォーターハウスと呼ばれるエリアである。ここでジャマイカのスラムについて特徴を紹介しておくが、明確にスラムとその他の街が住み分けられているわけではない。住宅地から50メートルも歩けば急にスラムがあり、さらに

65　「初めて人を殺したのは15歳のときだった」
幼さを残す顔をバンダナで隠した男は、自らの殺人体験を語り出した。ジャマイカの首都キングストンのスラム街を仕切るボスの紹介で会った

進むと高級住宅地があるのだ。まるでモザイク状にスラムが点在している。

　そういった意味では、ウォーターハウスは比較的わかりやすいスラムだった。大通りから一本入ると、一帯がスラムになっているからだ。見つけやすい反面、奥まで入ってしまえば逃げ場はない。

　私がウォーターハウスに行ったのは、「殺し屋」とアポが取れていたからだ。

　ジャマイカでも殺人は凶悪犯罪である。しかし、「殺し屋」は誰も知らない影の存在というわけでもない。本気で探せば、数人と辿らずに接触できるだろう。殺しの依頼は、その程度の難易度だ。

　私の知人がジャマイカで顔が利くおかげで、ほぼダイレクトにアポを取ることはできた。しかし、なぜ外国から来たジャーナリストのインタビューを受けてくれるのか。そこの謎だけは残った。

　街の入り口に、Tシャツに短パンを身に着けた小柄な男が立っていた。

「ここの家に行きたいんだけど、教えてくれないか」

「殺し屋」に教えてもらった住所を伝えると、男は「ついてこいよ」と言ってアテンドしてくれることになった。地元の人間が案内してくれるだけで安心感がある。

　いざ、スラムを歩いていると、子どもたちは笑いかけてくるし、住人たちも気さくな感じがした。どこにでもあるスラムと言ってしまえばそうだが、それはつまり、一

若者だ。

　彼は日常的に依頼を受けて殺人をするのではなく、ボスからの命令があったときに敵対勢力や警察を相手にする。抗争現場では「ソルジャー(兵隊)」と呼ばれているが、わかりやすく言うと「鉄砲玉」である。彼は10人以上を殺したというが、年齢はまだ20代前半。鉄砲玉の多くは若くして命を落とすという。ジャマイカのスラムは、世界でもっとも治安の悪いエリアのひとつだ。銃撃事件が毎日のように起きている。

　実際、市内を車で移動中、軍隊のような重装備をした警察官が事件現場の警戒に当たっている様子も目撃した。一般人を襲うというよりもギャング同士の抗争などが主な原因だそうだ。

歩でも踏み込む先を間違えると、恐ろしい展開が待っているということだ。身ぐるみ剝がされる前に、とっととスラムを離れたかった。しかし、「殺し屋」のアジト（というか自宅）は、街の奥にあるらしく、しばらくスラムの中を歩かなければならなかった。

「ここだよ」

指定された場所は、かなりボロボロの家だった。廃屋と言ったほうがよいぐらいだ。玄関で声をかけると、パーカーのフードを目深に被《かぶ》った細身で背の高い男が出てきた。

「日本人か？」

「そうだ」

顔は見えないが声を聴く限り、かなり若そうな印象を受ける。

「話は聞いている。なかに入ってくれ」

通されたのは雑然と荷物が置かれた狭いベッドルームだった。

「ここはあなたの家ですか？」

「ああ、ひとりで住んでいるわけじゃないけど」

説明によれば何人かでシェアしているそうだ。こんなところに住んでいるのか……あまり金がないのだろうか。

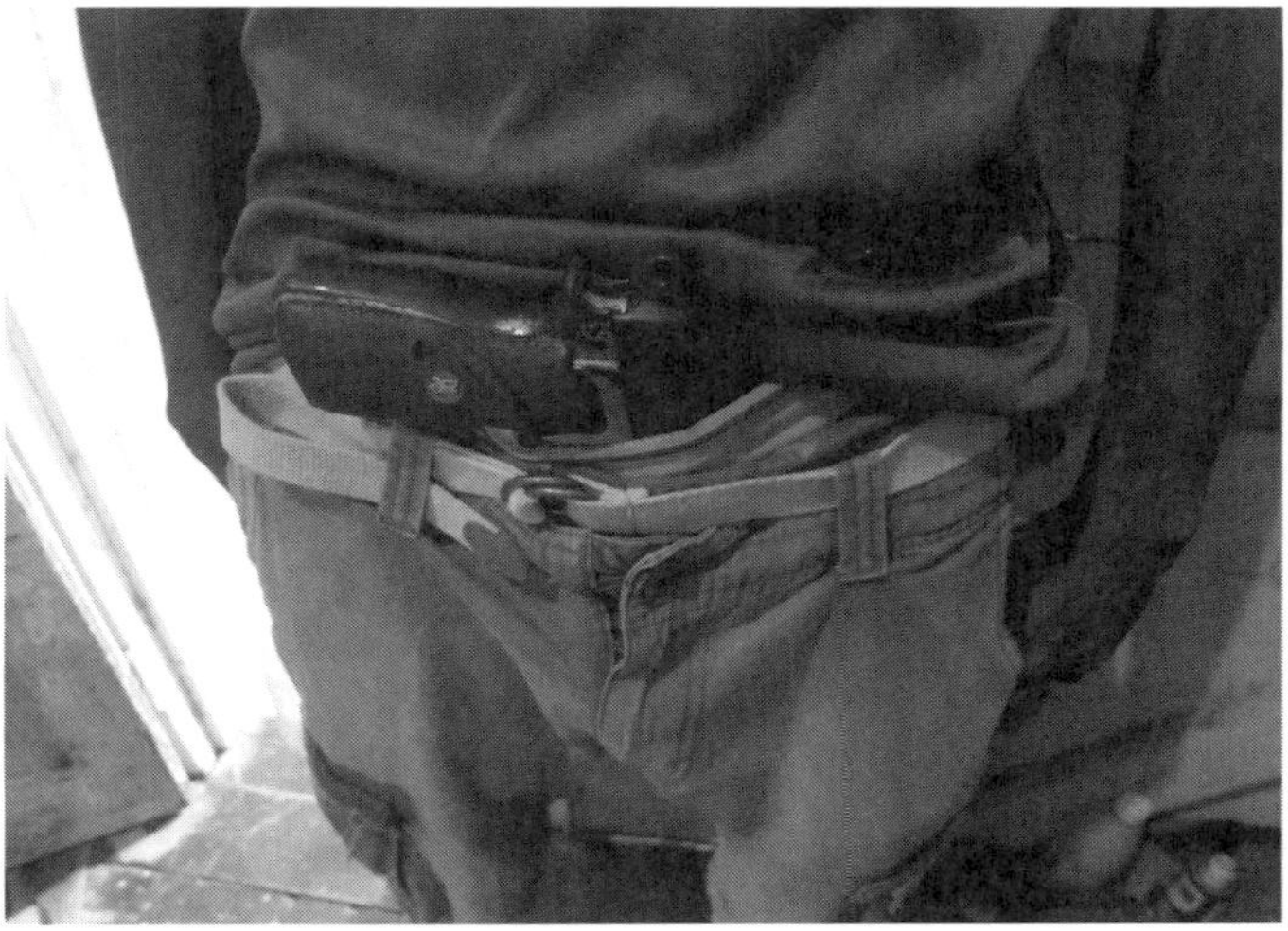

〝ドラキュラ〟の武器

「あなたの仕事について聞かせてもらいたいんだけど、ここでいいのかな？」

一緒に住んでいる仲間が彼の〝仕事〟を知らないかもしれないという配慮から申し出た。しばらく考えた男は、別の場所に移動したいと言った。とはいえ、家を出て向かったのは、すぐ裏にある別の廃屋だった。そこでインタビューが始まった。

「君のことをなんて呼べばいいかな？」

「そうだな……〝ドラキュラ〟で」

（マジか⁉「俺の手は血にまみれている」とか、「生き血をすすって生きている」ということか？　（冗談だろ？）と思ったが、まあ、それは本人のセンスだ。とやかく言うまい。

人を殺す仕事

最初の質問は何にしようかと考えていると、不意に男と目が合った。フードから覗く目は、ドラキュラがまだ若者であることを物語っていた。こんなに若いのに、なぜ——率直な疑問をぶつけてみた。

「なぜ、この仕事を？」

「ほかに金を稼ぐ方法がなかったんだ」

思ったよりも素直に答えてくれそうだ。

「いままでに何人殺したの？」

「わからない。数えていないから」

わずかなやりとりからも、人の命が彼にとっては軽いものだとわかる。

「いくらで殺人を請け負っているのかな？」

「5000ドル」

スラム街の廃屋にいるからか、思ったよりも高いと感じてしまったが、やりとりされる命の値段としては破格の安さと言っていいだろう。日本で取材したヤクザのもらった報酬と比べるまでもない。

「誰を殺しても5000ドルなのかな？」

「1000ドルぐらいで受けることもある」

まさかのディスカウントだった。では、どうやって仕事を受注しているのだろうか。まさか、人づてや紹介だけというわけにもいかないだろう。

「仕事の依頼はどうやって受けるのかな？」

「これだ」

そう言って、ポケットに手を突っ込んだ。現場の空気が凍った。だが、そんなことはお構いなしに動いている彼の手には、携帯（ガラケー）が握られていた。

「一瞬、銃でも出すのかと思ってびっくりしたよ」

実は結構緊張していたのか、彼の動きに過敏に反応してしまった。だが、ドラキュラは淡々と私の言葉に答えた。

「銃って、これか？」

パンツのバックル部分にあたる場所を引っ張ると、そこからおもむろに拳銃を取り出したのだ。新品ではない。明らかに使い込まれている。

「この携帯に電話があって、俺がその仕事を受けると、後は殺すだけだ」

銃を握ったままで言わないでほしい。

ドラキュラが口数の多いタイプでないのはわかるが、まったくインタビューに動きがない。ほぼ一問一答になっている。これでは面白い答えが聞き出せないと思った私は、さらに一歩踏み込んでみることにした。

「いったいどうやって殺すんですか？」

「殺し方か。いつもやってるやり方でいいのか？」

「そうですね。よく使うやり方でいいです」

「まず、相手を尾行する。そして、声をかけたりして飲みに誘う。ダメだったらとにかく尾行する。どっちにしても素面《しらふ》の相手は狙わない。達成率が下がってしまうからだ」

飲み屋でもどこでもいいから、酒が入った状態にさせ、人気《ひとけ》のないところに連れて行き、靴下や布の袋に石を詰めたようなもので殴りつけて意識を飛ばすという。おそらく形はブラックジャック[66]に近い。使い方もよく似ている。

「殴打してからは？」

「そうなったら殺すだけだよ。銃を使うことが多いけど、ナイフでも、首を絞めてもいい」

あっさりと言ってのけるところが、逆に引っかかる。実はインタビュー当初から、本当なのかという疑念を晴らせないでいた。別に紹介者を疑うわけではないし、ドラ

66 布袋の中にコインや砂などを詰め、絞って棒状にした殴打用の武器。

キュラも実際に人を殺したことがあるのだろう。しかし、職業として何人も殺せるのかという点がいまひとつ腑に落ちない。

「せっかくなので、そのやり方を私に実践してもらえないですか？」

本気で殺されることもないだろう。彼の発言の信憑性を自分の身体で確かめてみるのも悪くないと思ったのだ。

「いいぜ」

「念のため、銃から弾は抜いてくれよ」

「ああ……」

そう言うとドラキュラは私の背後にまわった。そして、私の首に手をかけると、そのまま引き倒したのだ。

言っておくが、これでも柔道やＭＭＡ[67]、空手などひと通りの格闘技は経験しているし、実績もそれなりに残してきたつもりだ。そんな私があっさりと引き倒されたのだ。相当な場数を踏んでいるのだろう。

「どこから来た？」

「金は持っているか？」

「どうしてほしい？」

立て続けにドラキュラが耳元で囁いてくる。

67 混合格闘技。

「え？　ＪＡＰＡＮ……」と答えた次の瞬間、ドラキュラは私の後頭部に銃を突きつけた。

ゴリっと鈍い音が頭に響く。驚いたのも束の間、ドラキュラは押しつけた銃口をひねったのだ！

これは、ヤクザ伝統の武器であるドスの使い方そのものである。銃口を肉に深く押しつけることで、サイレンサーのかわりにするのだろう。

立ち上がると、引き倒されたときに踏ん張った衝撃で床を踏み抜いていた。ドラキュラの殺し屋特有の動き、「プロ」である証拠をまざまざと見せつけられたのだった。

「終わりだ」

そう言ってドラキュラが背中を軽く叩く。

「ありがとう」

礼を言っていると、着信音が鳴り響いた。ドラキュラの電話だ。視線でこちらをうかがってきたので、「どうぞ」と通話をうながした。

「ああ……だめだ。それはできない。いま？　違う。日本から取材に来ているんだ。そうだ。仕事の最中なんだ。切るぞ」

電話をポケットにしまってこちらに向き直ったドラキュラ。誰からの電話だったのか尋ねることは、それほど失礼に当たらないだろうと思い、聞いてみた。

「仕事の依頼ですか？」

「いまのは50ドル。安くて話にならない」

たしかにその金額ならば、私がポケットマネーで用意できるほどのはした金だ。命を奪われたほうも、こんな安価で自分の命が取り引きされているとは思いもしないだろう。

「それにターゲットが女だからな。あまりやる気がしない」

「女は殺したくないの？」

「引き受けた仕事だったらやるよ。だけど、さっきのヤツは自分をふった女を殺してほしいっていうんだ」

「それだけのことで？」

「恋愛のもつれで依頼してくるのはわりとあることだ。ジャマイカでは珍しくない」

失恋させただけで殺されていてはたまったものではない。しかもたった５０００円で……。

「最後に教えてほしい。どうしてこのインタビューを受けてくれたんだい？」

「前に日本人に世話になったことがあるんだよ。それだけだ」

あまりにも軽々しく命をやりとりする殺し屋。その若さに似合わぬ優れた技量と、場数を踏んでいることを身をもって実感した。しかし、まだひとつ腑に落ちない点があった。この国には当然、ドラキュラ以外の殺し屋もいるわけで、彼が逆にターゲットにされることもあるのではないか。依頼と報酬で成り立つ殺し屋市場は、ライバルも存在するだろうし、新規参入だってありえるのだ。

殺し屋が引退するとしたら、それは自分が最期を迎えたとき。この稼業をはじめたときから、いつか自分も狩られる側になるというのは、ドラキュラも承知しているはずだ。

いずれ来るであろう〝終業〟の日まで、彼は殺しを続けるのだろう。その日々に平穏があるとは思えない。それでも生きていくために選択したこの仕事からは、降りることは許されない。

なんとも後味の悪い取材となった。

5 カンボジア

人身売買の背後に見え隠れする日本人の東南アジア観が、いかに時代とずれたものになっているのか。その現状について迫る。

出稼ぎ詐欺

人身売買——人が人を売り買いする。人類のタブーでありながら、古代から現在に至るまで続いている最古のビジネスでもある。

２０１７年2月、カンボジア人女性が日本人によって人身売買された事件が発覚した。犯人とされるのは首都のプノンペンで飲食店を経営していた福井進容疑者、52歳（当時）。福井は現地女性7人を「日本の飲食店で働いて高収入が得られる」と勧誘して日本に送り込んだ。しかし、実際は飲食店で働くのではなく、女性たちは売春を強要されたという。

被害女性のひとりがFacebookを通じてカンボジア大使館に助けを求めたことで警察が動き、風俗業者と福井、そしてカンボジア人の妻（28歳）、飲食店の従業員のカンボジア人の男（34歳）が逮捕され、事件は一応の収束を迎えた。

「出稼ぎ詐欺」として世界各地で昔からよく聞かれる話なのかもしれないが、事件発覚から逮捕に至るまでの過程にSNSが使われるなどいまっぽさがあったため、日本国内でも報じられて話題となった。ネットでは「犯人は日本の恥さらし」といったコメントが並んだ。

こうした事件が起きると、日本人全体のイメージが下がるといった意見が噴出するが、実際のところ当事者たちはどう考えているのだろうか。

私は事件発覚直後の2月中旬、スラム取材のためにプノンペンを訪れていた。その際、伝手《つて》を頼って被害女性のひとりと接触することに成功し、その心情をインタビューした。そこで、報じられてこなかった事件の裏側を知ることになった。

話をしてくれたのはジェイさん（仮名・24歳）。待ち合わせ場所のホテルのラウンジに現れた彼女は、小柄な体格に笑顔が似合うクメール美人だ。

「辛いこともあるだろうから、無理はしないでほしいです」

インタビューに先立ってそう伝える。

「大丈夫。なんでも聞いて」

予想外にも明るく答えてくれた。無理をしている、という感じでもない。すべてを鵜呑みにするわけにはいかないが、まずは福井と出会った経緯を教えてもらった。

「プノンペンにあるラウンジで働いていたんだけど、あまり稼げなくて。そんなときに友達から、外国で働きたい人を探している日本人がいるって教えられたの」

ジェイさんが働いていた店では売春のようなオプションはなく、店側も客とのプライベートでの付き合いを推奨していたわけではない。ジェイさん本人も客の日本人とそういう関係になったことはないという。

こうした売春オプションのない店は、東南アジアでは意外と多い。というのも、お金さえ払えば誰でも女の子を連れ出せるような店だと、風俗店と同列に捉えられてしまい、意外と客がつかないからだ。そこで、女の子の連れ出しを禁止することで、店に足を運んでもらおうという、日本のキャバクラに似たシステムを導入したのが、彼女の働いているようなラウンジなのである。

ジェイさん

こうした店のオーナーは大抵が日本人で、客も日本人が多い。やはり日本人には、このような日本式のシステムを採用している店は使い勝手がいいのだろう。

「福井を紹介してくれたのは友達だったから、あんなことになるとは思わなかったの」

出国前に一度福井に会い、すぐに日本へと向かうことになった。この時点で福井は就労ビザなどは一切手配しておらず、あくまで観光客として彼女たちを送り込んだ。

「日本に着いて群馬に連れて行かれたの。そこで飲み屋[68]で働くように言われた。ほかにも女の子がいて、その子たちは〝温泉で働く〟って言われてどこかに連れて行かれたわ」

福井たちは女性を2つのグループに分けた。その一方が、摘発された風俗店に連れて行かれたようだ。そしてジェイさんは、アパートの一室を寮として与えられ、スナックで働き出した。しかし、日本語が堪能ではなく、初日から苦戦したという。

「全然お客さんがつかなくて、初日が終わってから店の人に『売上が悪いから明日から売春しろ』って言われたの。もうびっくりっていうより、怖くなってしまって。これまで売春を指示されたことはなかったし、もちろんやりたくなかった」

突然の展開に恐ろしくなった彼女は、プノンペンで働いていた店で知り合った日本人にFacebookのメッセンジャーで助けを求めた。相手は九州在住の実業家のM氏だという。

68 スナックだったらしい。

ジェイさんから助けを求められたM氏は、すぐにパスポートの有無を確認した。運よく彼女はパスポートを取り上げられていなかったため、M氏は有り金とパスポートだけを持ってタクシーに乗って逃げるように指示した。後日、この件についてM氏が語ってくれた。

「この件が事件になるなんて思っておらず、後日報道を知って驚きました。でも、知り合いが厄介事に巻き込まれているのは間違いないと思ったので、私のほうで地元の九州に来られるように飛行機やホテルを手配して、彼女が逃げられるように計画しました」

彼の助けを得たジェイさんは着の身着のままで群馬から脱出。そして、M氏が大使館や関係機関に掛け合っている最中に、別の女性が大使館に駆け込み事件が発覚して、ジェイさんも無事帰国できたという。

事件のあらましを聞いて、「海外で働くのに売春を強要されるような事態を想定しないなんて甘い」とか、「日本の飲食店で働くならば、それは売春もセットであるとわかるはずだ」と思う人がいるかもしれない。実際、ネットの書き込みにはそのような意見も散見された。ここからは、東南アジアの女性に対する偏見が浮かび上がってくる。たしかに、身体を売ってでも海外で金を得るという出稼ぎの感覚は、いまだに東南アジア各地の女性たちに根付いている部分もある。だが、それはひと昔前のステレオタイプに歪められた東南アジア観だと言わざるをえない。

まず大前提として、ジェイさんやほかのカンボジア人女性たちは、一定水準の教育を受けた一般市民である。出稼ぎ売春があるということは知っていても、最終的には拒否できると考えるのが普通だろう。ましてやプノンペンは発展途上国の僻地ではない。むしろ国際都市として発展が進む街である。海外への出稼ぎは、生きるか死ぬかの状態から脱出するためではなく、よりいい暮らしを求めての選択肢のひとつなのだ。そのあたりの感覚は、私たち日本人が海外で働きたいと考えるのと同じようなものである。

「日本人に騙されたけど、助けてくれたのも日本人。私は感謝している」

ジェイさんは明るい表情で話してくれたが、その心の傷がどれほどかは計り知れない。

追い詰められていた犯人たち

この事件が孕《はら》んでいる多くの問題のひとつに、犯人グループのカンボジアでの実態がある。いったいどんな連中だったのだろうか。

被害に遭った女性たちが、犯人グループの言葉に乗せられ来日したのは、「お金」が理由であったことは間違いない。しかし、その動機は身体を売ってでも稼ぎたかったわけではなく、水商売をやって、日本円を稼げるならいいかなという程度の気持ちであったことは先述した。「東南アジアは貧しい」というイメージは、すでに大きく現実から乖離《かいり》していることは改めて指摘しておきたい。

むしろ、日銭に困るレベルに食い詰めていたのは、犯人グループのほうだった。

私がプノンペンで取材を開始すると、逮捕された福井進を知るBさんという日本人の実業家が証言してくれた。

「あいつ（福井）は生活に苦しんでいたね。事件が起きる1～2ヵ月ぐらい前、あいつが経営する飲食店が入っているビルのオーナーと、家賃の値下げ交渉をしてくれないかと私に頼んできたぐらいだからね。もう必死で、なりふり構っていられなかったんだと思うね」

店の運営資金にも事欠く状態であったようだ。動機は完全に金だと確信した。

このBさんに、福井の経営していた店を教えてもらった。すでに閉店しており、警備員代わりの男が昼寝しながら常駐していた。

もし私がこの警備員を雇った管理者（オーナー）だったら、怒鳴り散らしたくなるほど緊張感の欠片もなかったが、取材する側としてはこれぐらいザルな警備体制のほうがありがたい。

「ちょっと物件見せて」

「あ、ええ……どうぞ」

眠りから覚めた警備員の男は、とくに慌てることもない。店舗の入り口には「FOR SALE」の表示があった。事件発覚から2週間も経過していないのに、早々に売り出しにかかるあたりは、さすがに東南アジア的ないい加減さがあるとでもいうべきか。

店内は営業していたときのままの状態で、キッチンや客席も残っていた。

「オーナーを呼んで来ます」

「大丈夫。見に来ただけだから」

そう言って警備員を制した。店舗を見る限り、変わったところはない。現在、プノンペンに急増している日本食レストランによくある造りだ。店の経営を立て直すためなのか、あったのかはわからないが、福井は金を必要としていた。短期間で女性をかき集めて、自らアテンドして日本に連れて行く。しかも女性たちからパスポートを取り上げ

福井の経営していた店

るという、人身売買ブローカーの基本も徹底できていない(そのおかげでジェイさんは助かったわけだが、やはりその道のプロなら女性のパスポートを取り上げないなんて、ありえないことだ)。

このずさんさを見ても彼は「人身売買の素人」であり、犯罪組織のバックアップも受けていないことがわかる。妙な言い方にはなるが、半人前の犯罪者だったのである。

福井の飲食店経営は人身売買に手を出すほどに追い詰められていた。いくら資金繰りに困ったからといって、犯罪に手を出すのは言語道断だが、海外で一旗あげようと飲食店を開き、資金繰りに困る店は今後増える可能性が高い。とくにカンボジアでは、近年の好景気に比例するように、日本人の経営する飲食店が増えている。実際にこの事件を追いかけていくと、日本人経営のレストランが飽和状態になりつつある現状が浮かび上がってきた。

私が初めてカンボジアを訪れた15年前は、日本料理屋など数える程しか存在していなかった。それが、ここ数年で激増、競争は激化して、勝ち抜くには相当な才覚が必要になった。

さきほどのBさんは、多くの在プノンペン日本人経営者のなかでも成功者といえる地位にある。そんな彼に現状を尋ねると、「日本で失敗した人が東南アジアで勝負できた時代は終わりました。いま上手くいっているのは、日本でも成功した人たちが経営する店がほとんどですよ」と、かなりシビアな状況にあることを教えてくれた。とてもではないが素人商売が通用する場所ではなくなっているのだ。そんな状況下で追い詰められた男が、今回の人身売買事件を起こしたわけだが、これは一グループの摘発では終わらず、より大きな問題に発展しかねない要素を含んでいるという。

それは、日本人とカンボジア人との婚姻の禁止だ。まさかと思う人も多いだろうが、実は前例がある。かつてカンボジア政府は、韓国人男性とカンボジア人女性の集団見合いを摘発したことがある。一時期、韓国人とカンボジア人の見合いを斡旋するビジネスが盛り上がりを見せたのだが、当局はこの結婚が実質的な人身売買に近いものにあたると判断したのだ。結果、韓国人男性との国際結婚は禁止されたという。[69]

もし今回の一件がきっかけとなり、日本人とカンボジア人との結婚が禁止されたら、それこそ「日本ブランド」は失墜し、日本人に対するイメージの悪化は決定的となってしまうだろう。事件がもたらした波紋は小さなものではないのだ。

一方で、この事件についての報道に触れるなかで、日本人のカンボジアに対するイメージのズレも強く実感させられた。まず、カンボジア、とくに首都のプノンペンが国際都市であるというイメージがない。大半の日本人が、いまだにカンボジアといえば地雷やアンコール・ワット遺跡[70]くらいしかキーワードが出てこない。だが、プノン

69 その後制限つきで許可は下りるようになったが、国際結婚のハードルは一気にあがった。

70 首都から離れた、北西部のシェムリアップにある。

ペンには高層ビルが並び建ち、世界中から来た観光客やビジネスマンが闊歩している。郊外には巨大なインターナショナルスクールがあり、海外からの移住者の多さがうかがえるのだ。しかも、カンボジアのビジネスでは米ドルが基本である。国の通貨であるリエルは敬遠されており、私の知人のビジネスマンなどは、リエルを渡そうとしても「いらないよ、リエル使えないし」と、完全に市場でババ抜きをしているようだった。実質的に外貨でまわっている経済であるため、改めて外貨を獲得しようという意識自体が希薄なのである。

以上の現状をふまえれば、事件の被害者となった女性たちは、決して食べていくために日本に来たわけではないことがわかるだろう。繰り返すが、あくまでより豊かな生活を求めての結果なのである。誤解を恐れずに言うならば、ブランド品のため、海外旅行のためにおカネを稼ごうとリゾートバイトをする日本の学生とあまり変わらない。もちろん、明日の食べ物に困る貧困者もカンボジアにはいまだ多い。だが、今回の事件は貧困問題とは無関係なのである。

それなのに、「貧しい地域にいる女性が、無理やり連れてこられた」と解釈してしまう日本人は多いようで、これにはこれで違和感、日本と東南アジアの埋まらない溝を感じてしまうのだ。

最後に、日本人の感覚のズレについて、もうひとつ付け加えておきたい。被害女性であるジェイさんに、もう一度日本に行きたいか質問したときのこと。

「助けてくれたのは日本人だった。日本は好きよ。だからまた行きたいと思ってる」

「本当ですか？」

なにか言い方に含みがあったので、あえて強く突っ込んでみた。すると、少しはにかみながら答えた。

「本当に行きたいのはオーストラリアかシンガポールかな。稼げるって話が多いのよ。もちろん売春じゃない仕事でね」

彼女の言葉からは、出稼ぎ先としての日本のランクが透けて見えた。実際、多くの出稼ぎを希望するカンボジア女性が日本ではなく、彼女の挙げた2国に向かっている。彼女たちのほうが客観的に世界情勢を見ているように感じてしまった。

事件の内情を知る一方で、アジアにおける日本ブランドの低下と、日本人の海外進出の難しさまで見えてきた。日本人にとって決して明るい話題とはいえないだろう。なんとも胸が痛む取材ではあったが、インタビューに応えてくれたジェイさんが、これからも自分の意志で生きるしたたかさを見せてくれたことが、唯一の救いだった。

第四章 スラム街を歩く

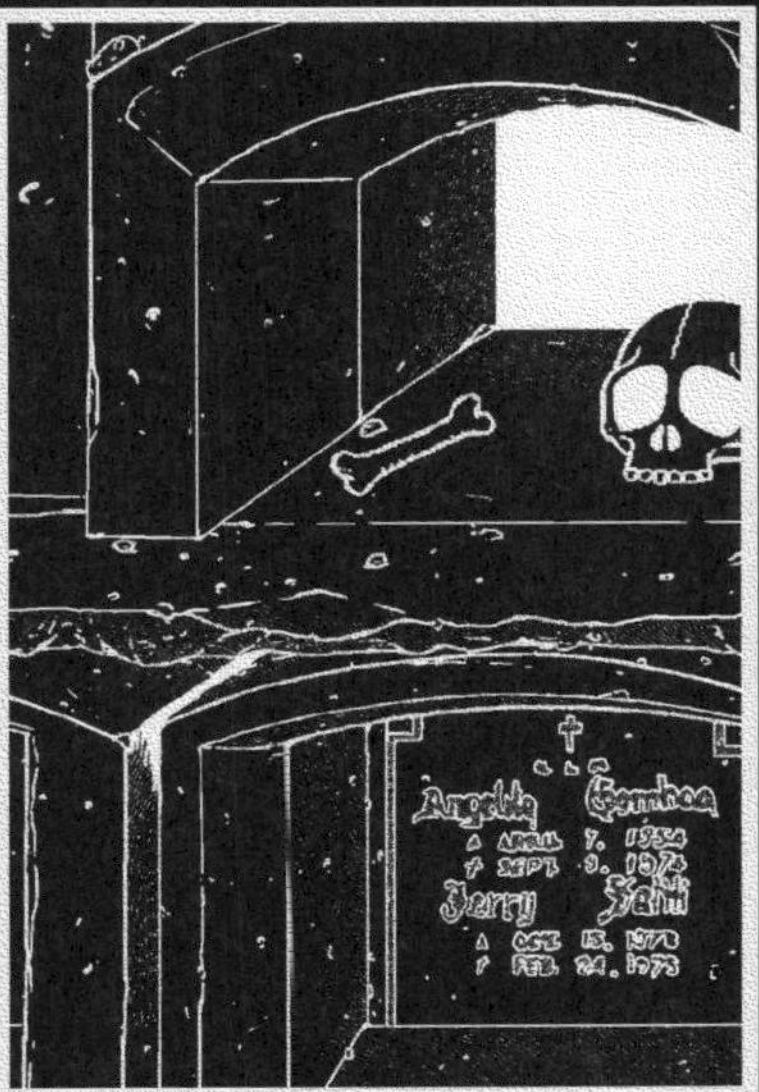

キーワード

都市への人口集中……将来的に世界人口の大半が都市で暮らす時代が来ると予想されている。とくに南アメリカやアフリカなど、今後も都市化が進むとされている地域がそれを後押しすると見られている。
格差の拡大……ここでは、経済格差のことを指す。世界的にみても、中間層の減少に伴い、スラムに暮らすような底辺層と富裕層との二極化が進んでいることが問題視されている。
犯罪の温床……スラム街というのは、その性質上どうしても犯罪の温床になりやすい。しかし、住人が犯罪に走ることよりも、住人が被害者になるほうが多い。スラムで犯罪を起こすのは、住人ではなく外部からやってきた犯罪者であることが多いからだ。

スラムとは?

都市において、合法的に所有していない土地に家を作り、多数の人々が暮らしている住宅地。不法占拠が基本なので、いつ行政に強制退去させられないとも限らない。また、スラム街はコミュニティとしても機能しているので、ホームレスが公園にテントを建てて暮らしているのとは性質が異なる。

1 ケニア

世界最大のスラムというだけで、実はまったくどんなところなのかわからない。そんな単純な好奇心に突き動かされての取材だった。

スラムとは大都市の片隅で極貧の人々が暮らすエリア。世界中に存在しており、共通して抱かれるイメージは、犯罪の温床となっている危険地帯だということ。たしかに他の地域に比べ、殺人、強盗、レイプなどの凶悪犯罪の発生率がズバ抜けて高いところもある。

私はこれまでに世界中のスラムを取材してきたが、単純に危険地帯としてひとくくりにしてしまうには、少々違和感がある。実際に何があるのか、どんな人たちが暮らしているのか、そもそもスラムとはどういう場所を指すのか、などの疑問を解き明かすレポートをお届けしたいと思う。まずは、世界最大級のスラムとされているケニアのキベラスラムを紹介しよう。

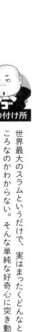

世界最大のスラム

アフリカのスラム街と聞いても、ピンとこない人もいるかもしれない。実際、そういう人に聞くと、アフリカ＝貧困や飢餓の蔓延が未だに続いている国々、というステレオタイプを抱いているのだ。

もちろん、そういう悲しい歴史があったのは事実だし、散発的に飢餓が発生することもある。だが、アフリカ大陸内、それもかなりの国では近年次々と大都市が生まれ、発展を遂げている。そのひとつが、ケニアの首都ナイロビである。

ナイロビは東アフリカ最大の都市だが、そこには世界最大級のスラム街があることをご存じだろうか。

ナイロビの南西部に位置するキベラスラムでは、東京ドーム50個分程度の土地に、100万人以上が暮らしている。

このスラム街へ『クレイジージャーニー』の同行取材で行くのは、正直なところ最初は気が乗らなかった。ただ巨大なだけのスラムで、それほど目新しさがあるように思えなかったのだ。むしろアフリカなら、過去に何度か訪れた南アフリカ共和国のソウェトや、エジプトの歴史的なスラム街などに行ってみたいと思っていた。

しかし、なんとなく始めた下調べ段階から、キベラスラムには謎が多いことがわかってきた。過去に訪れた人に話を聞いても、ネットに転がっている旅行記ブログを読んだりしても、人数と規模が大きいということ以上の全貌がつかめない。

こうして、最初こそ腰が引けていたが、到着する頃にはすっかり前のめりになっていた。

市内中心部から車で向かうと、突然風景が変わる瞬間が訪れる。それまで近代的な建物が多かった街並みが一変するのだ。バラックが立ち並ぶ風景が目に入る。無機質な金属製の屋根はどこまでも続いていくようだった。

キベラスラムはあまりにも巨大なため複数のエリアに分断統治され、中には行政から任命された代表者もいるという。スラムでありながら自治を認められているのだ。行政の監視対象にはなっているようだが、2015年10月に私が訪れた際は、道路、上下水道などインフラ整備はまったく手つかずだった。

街を歩いていると不意に糞尿の臭いが漂ってくる。場所によっては、泥ではない濁り水が流れてくるのだ。舗装されていない、もしくは、かつて舗装されていた場所も砕けて泥だらけになっている。衛生状態は良いとはいえないだろう。

このひどい路面のコンディションは、インフラが未整備だからである。そんなスラムを歩いていて嫌でも目につくのは、あたりに無造作に置かれる、なんの変哲もないゴムのホースである。日本ならホームセンターでメートル500円以下とかで買えるようなアレだ。

「なんでホースがいっぱい地面に置いてあるんですか？」

「水を通してるんだよ」

これが水道管のキベラスタイル

通行人が教えてくれた。

「水っていうと、それぞれの家に引き込んでるってことですか?」

「水道屋に金を払って水を引いている家もあるが、ほとんどは店が使っているんじゃないか」

「じゃあ、水道管がこのホースってこと? むき出しになってるけど」

「そうだな。これがキベラスタイルだから」

丁寧に説明してくれた住人に別れを告げる。スラムの住人たちからは、総じて親切な印象を受けた。最初は奇異な対象としてこちらを見てくるのだが、「ハーイ」と手を振れば破顔して笑顔になり応えてくれる。突然入ってきた外国人を相手にどうしたらいいのか戸惑っていただけなのだ。

多くの住人に声をかけたが、巨大なスラムであっても、街を構成するのは、こんなごく普通の人々なのだとあらためて感じた。

スラムのような貧しい場所に暮らしている人は心がピュアという、実に陳腐な論理を信じている人がいる。だが、ピュアないい人が多いからといって、スラムに問題がないわけではない。たしかに、共同体であるスラムの住人たちが、貧しいながらも助け合い、穏やかな暮らしを送っていることはある。せわしなく生きる現代人にとって理想的なコミュニティにも見えるのかもしれない。

巨大な街灯

これまで平和で牧歌的な表の部分だけを説明してきたが、ここは世界最大級のスラム街。もちろん闇の部分もある。

街を歩いていると気になる建造物が目に入った。背の高い鉄塔がいくつもあるのだ。

「あれはなんですか？」

道行く住人に声をかけると、すぐさま教えてくれる。

「ライトだよ」

よく見れば先端に光源らしきものを装着しているようだ。

「誰がなんの目的で、こんな巨大なものを設置したんですか？」

「政府が設置した。犯罪対策だ

よ。ここはね、暗くなると治安が悪くなるんだ。だから、巨大な街灯を設置しているんだよ」

「治安は良くなりましたか？」

「ん〜、前よりはいいかな」

親切に教えてくれる住民に接していると、犯罪が多発している地域だとは実感できないが、外から来た人間と住民とで認識の差が出るのは当然のことなのだろう。

キベラだけの送迎業

このあたりの疑問について、通訳をしてくれたIさんに尋ねると、「面白い仕事をしている人がいるらしい」と教えてくれた。

話をしてくれたのは20代前半の若いケニア人男性。

「面白い仕事をされていると聞いたのですが」

「面白くはないけどキベラにしかない仕事だと思うよ」

「どんな仕事なんですか？」

「送迎さ」

「なんか特別な感じがしないですけど」

あまりに普通の返答に肩透かしを食らったため、つい、「がっかりなんですけど」

的なニュアンスを含んだ返事をしてしまった。これに相手は気を悪くしたかと思ったが、むしろニヤニヤとしている。何か私が考え違いをしているというか、向こうの思惑に引っかかったことはわかる。

「キベラのメイン通りから、路地を一緒についていく専門の送迎なんだよ」

「え!?　たしかに特殊ですね。大通りから路地って、5分や10分で着くじゃないですか」

「もっと短いこともあるよ。でも、それだけキベラの路地は治安が悪いんだ。とくに暗くなったときにはね。住人はそれを知っているから、仕事帰りに遅くなったときなんかはひとりで歩かないんだ」

「街灯を政府が設置したっていうのも納得です。暗くなると危ないんですね」

「ただ、本当に危ないのは暗くなったときじゃないんだ」

「というと?」

「雨の日。とくに女の人が狙われる」

「つまり、レイプってことですか?」

「そうだ。雨の日はレイプが増える。キベラの家の屋根は全部が金属（トタン屋根）だ。雨が降ると音がうるさい。この音で叫び声もかき消されてしまうんだ」

「そうなると襲われて悲鳴をあげても届かないと」

密集した住宅街だけに、声を出せば誰かに届くんじゃないかというのは甘い考えらしい。

「でも、これだけ家があるんだから、すぐに人目につくでしょう。どこでレイプするんですか？」

「廃屋とか、人が入ってこない路地の奥の行き止まりとかに連れ込むんだよ。あと、叫び声ぐらいだったらトラブルに巻き込まれたくないから、誰かが襲われているのに気付かないフリをするっていう住人も多いんじゃないかな」

「助けないんですか！　でも、襲う側もスラムの住人だったら、すぐに身バレしませんか？」

「それが、こういった犯罪をするのは、外から来た連中なんだ。キベラに住めるのは、まだ収入がある人たちだけだから」

実はキベラスラムというのは、低所得者層ではあるが、ある程度収入がある人が住めるエリアなのである。このあたりは後述するが、では、犯人はいったいどこから来るのか。

「キベラの周辺に住んでいるホームレスのような連中とか、田舎から出てきて行き場のない奴らとかが多いよ」

スラム内の治安を悪化させているのは、実はスラム外の人間であるという現象は、ケニアに限ったことではない。世界中でみられることであり、私も彼の説明を聞いて納得できた。

さて、最後にちょっとだけ別視点からスラムの治安についてまとめてみたい。究極の護身術を身につけた人物を見つけたのだ。それは、金髪に白い肌のイギリス人男性。キベラスラム内を慣れた感じで歩く。

「あいつはこのあたりの学校に住んでいる」

住人から教えられたのはそれだけだったが、もっと気になることがある。

「あの人、なんで一人でここを歩いていて大丈夫なの？」

「最初は襲われたりしたみたいだけど、あいつは何も持っていないんだ。財布も電話もなにもかも。泊まっている学校にも何も置いていないんだって。だから誰も彼のことを気にしなくなったんだ」

「それはみんなが知ってるの？」

「そうだよ。このあたりでは有名だからね」

セキュリティ意識を高めるよりも、何も奪うものがないことを知らしめる。ある意味では究極の護身術だが、マネできる人はあまりいないようにも思う。ただ、こんな風変わりな住人もいることをお伝えしたかった。

スラム内格差

なぜ、スラム住人たちが犯罪被害に遭うのか。なぜ、同じスラム街で暮らす住人同士で警戒心が生まれてしまうのか。そこを紐解《ひもと》くキーワードがある。「貧富の差の拡大」である。

現在、100万規模の人口を抱えるまでにキベラスラムが巨大化したことで、内部はひとつの国のようになってしまっている。つまり、スラムの中で独自の経済が稼働しており、そこから利益を得る人がいる一方で、稼げない人も出てきた。

スラム内で格差が生まれているのだ。そして、ケニアという国の発展にあわせてスラムに流入する人やモノ、資金なども増えているので、まさに格差が拡大しつつあるというのが現状なのだ。スラムの住人が、さらに貧しい人からすれば「持てる者」に見えるのも仕方ないことなのかもしれない。

先ほども触れたように、スラムに暮らしている人が、すべて貧しいわけではない。話を聞いたある家族は、「家賃が安いから」という理由で都市部からキベラスラムに引っ越して来たという。父親は市の中心部で定職に就いているそうなので、あくまでも住居としてスラムを利用しているようだ。一方では、住人が棄てたゴミから金目のものを拾って収入を得る者もいる。スラム内では、ドブを漁る人の姿は珍しくはない。ほかにも、スラムに住居を持たない人たちがスラム内部で仕事にありつこうとた

マンションとスラム

むろしている姿はよく見かける。

とくに現在、キベラスラムは建設ラッシュである。バラックを壊して近代的なマンション風の住居が次々に建設されているのだ。下働きの仕事がどこで発生するかもわからない。その機会を狙っているのだろう。

なぜスラム内部が建設ラッシュなのか。実は政府が主導してスラムをなくそうとしているのだ。

これがいかに無謀なことかは、現場を見ればすぐにわかる。それほどまでにキベラスラムとその周辺のバラック街は圧倒的な人口と規模を持ち、存在感を放っている。

この状況を察知し、うまく立ち回るのが、スラムの住人たちである。

「あのマンションは、ここの人たちが優先的に入居できるのよ」

キベラの食堂のおばさんが興奮気味に語ってくれた。

「おばさん、あそこに引っ越すの?」

「まさか。権利は当選したのよ。でも住まないの」

「どういうことですか?」

このおばさん、何を言ってるんだと思ったのだが、本人はいたって本気だというのが次の言葉でわかった。

「貸し出すわ。これで収入がアップするから楽しみだわ」

実は過去にもスラム街改革としてマンションが建設されたことがある。ところが、住人たちは居住権を又貸ししたり、転売したりしてしまい、結局住んでいるのは中産階級の人たちばかりになってしまったのだ。

キベラスラムはナイロビの中心部に近く、立地的に好条件が揃っている。小金持ちがリーズナブルに暮らす住居としては魅力的なのだ。

こうしたマンション群はキベラスラムの周縁に建てられているので、車で移動すれば安全面でも不安はないのだという。

食堂のおばちゃんも不動産収入で一攫千金ぐらいに思っているのだろう。なんともしたたかだ。

一方で、小さい子供や老人のような社会的な弱者は、建築ラッシュの恩恵にあずかれていない。

私が出会ったある老婆は、家賃を滞納したので、もうすぐ追い出されると嘆いていた。彼女は孫と知り合いの子供らを引き取っていて、洗濯屋の下働きで臨時収入があるときしかご飯を食べさせられないという。

電気もない半壊した小屋で暮らす彼女たち[71]がスラムの外で生きていく未来など、どうやっても想像することはできなかった。

拡大する貧富の差は、スラム街でも簡単には埋まらない。仕事に就ける人は子供を学校に通わせ、その子供もやがて仕事を得て、キベラを出ていくかもしれない。そうでない人は、親も子もキベラで生き続ける。負のスパイラルは、一度でもハマってしまうと容易に抜け出すことはできないのだ。

かつてのキベラの姿

さて、キベラスラムの特徴は大方説明できたかと思うが、このスラムのユニークな部分はほかにもある。雑多ではあるがいくつか紹介しておきたい。

まず、私がキベラスラムで食べたもののなかでもっとも衝撃的だったのは、牛の足

71 私が出会った老婆と子供たち

や頭といった、通常ならば捨てられる部位を煮込んだスープだ。いままで海外で様々なものを口にしてきたが、過去最大級に美味しくなかった。まずいだけならまだしも、肉の腐敗が進行していたために、口元に近づけた段階で異臭が漂っていた。スープはまともな味付けもされておらず、カロリー摂取のためだけに作られたようなメニューだった。実はこうした牛の廃棄部位を使ったスープはアフリカ各地で食べられているので、キベラ限定メニューではない。同じ苦しみを味わった観光客もいることだろう。

牛煮込みスープ

　ちなみにこのスープを飲んだ夜、私は強烈な腹痛、嘔吐、脂汗に襲われて目をさました。かなりの激痛だったが、太田胃散を飲んだおかげだろうか、翌日にはスッキリとして取材に臨むことができた。

　せっかくなので、スープのレシピを公開しておこう。私は料理人ではないが、見ただけで作り方はわかる。

（1）廃棄部位を火にくべる
（2）焼けたら皮ごと毛をむしる
（3）寸胴鍋《ずんどう》に突っ込んで煮込む

以上である。

もしかしたら、スラム街の住人ならば腹を壊さないのかもしれないが、並の胃袋の持ち主だったら、私と同じ結果になるはずだ。それほどの逸品だったとだけ言っておく。

さて、尾籠《びろう》な話が出たついでに、キベラスラムの生活環境をもう少し紹介しておきたい。多くの住民たちの暮らす宅地には高低差がある。北側から徐々に低くなっていき、南側には平原が広がっているのだ。

この平原、実はかつて湖だった。ヨットを浮かべられるほどの大きなものだったという。イギリスの植民地支配を経てケニアが独立し、キベラスラムに人が流入し始めると、湖には大量の糞尿が流れ込みだした。現在に至るまで下水道が完備されていないキベラでは、地形の制約によってどうしても起きてしまう現象だ。大雨の後などはとくに、大量に流れ込んでしまう。徐々に湖は汚染されていき、やがて水草が生える。水草は枯れ、土になる。こうして、ついに湖は完全に埋まり、草原になってしまったというわけなのだ。

奥がスラム、手前が元ウンコの草原。高低差がよくわかる

現在、平原では畑を耕す人もいるので、さぞ栄養豊かな野菜が育っていることだろう。いまも新鮮な肥料は流れ込み続けているのだから……。

一路、スラム島へ

アフリカ最大の湖であるビクトリア湖[72]には、スラム街の島が浮かんでいる。

ミギンゴ島。

小さな島の名前は、これまで世界各地のスラム街を取材してきたなかで、とくに耳にすることはなかった。しかし、特異な存在であることは、地図で見ただけでもすぐにわかった。

ほぼ岩だけの島に四角いバラックのような建物が所狭しと建てられているのだ。

ケニアスラム取材が動き出した際、この島へ行きたいと思っていたのだが、キベラスラムのあるナイロビからはかなり距離が離れていることもあって「余力があれば行

72　6万8800平方キロメートル。

こう」ぐらいに考えていた。

余力については計算済みだった。スラム街の取材はこれまでの経験上、予定を何日も超過するようなことはなかったからだ。いざ島に行くことになったときに対応できるようにしておきたい。許可や手続きで時間を取られたくなかった。

それほど島の異様な姿に心惹かれていた私は、どうにか上陸できないかと各方面に働きかけ続けた。すると、取材には複数の許可が必要なことがわかってきた。

ビクトリア湖上にはケニア、ウガンダ、タンザニアと3つの国の国境線が交じり合っている。とくにミギンゴ島はこの3つの国境に近い。そのため住人も多国籍であり、ケニア領のはずのこの島にはなぜかウガンダ警察も常駐している。良い漁場を持った巨大湖上の要衝は、それぞれの国にとっても重要な存在になっている。地理的にも政治的にも緊張感のある場所だと言えるかもしれない。

とくにケニアとウガンダの隣接する両国は領有権を主張しており、どちらも譲る気はない。政治的にアンバランスな場所で、私の独断専行によりリスクをテレビ局側に負ってもらうわけにはいかない。私自身も危ない橋をわたる気はないので、それぞれの政府からパーミッション[73]をもらい、島へと向かうことになった。

ケニアから飛行機に乗り、キスム国際空港に降り立つ。ここはビクトリア湖の最寄

73 許可のこと。

り空港で、今回の目的のためには便利ではあるが、ケニア全体から見たら、なぜこんな不便な場所に国際空港があるのだろうと思えるようなところだ。

実は、ケニアの独特な政治形態が裏側にはあるという。大統領と複数政党によって運営されている民主国家ではあるものの（むしろ、民主制だからかもしれないが）、部族の力が強い。つまりキスムには、首都から離れていて、目立った大都市がなくとも、国際空港を誘致できるだけの力を持った部族がいるということなのだ。

そんな場所から島へと向かうための港がある街まで、半日ほど車で移動した。到着した港は頼りないほど小さいというか、公園のボート乗り場ぐらいの規模しかなかった。

「ミギンゴ島に渡る船はこれ？」

指差して船乗りらしき男に尋ねる。

「違う。向こうのやつだ」

この返事に正直ホッとした。というのも私が指差していたのは、船内に水が溜まっているボロ船だったからだ。

男の示した船を確認してみる。だが、ここで愕然とし、いろいろと諦めた。

「こっちも同じじゃねえか！」

思わず叫び出しそうになった。正直、ここから2時間以上はかかるという船旅に身

島に上陸!!

を任せるのは不安でしかない。それでも、他の交通手段などあるはずもなく、腹をくくって乗船したのだった。

結果的にではあるが、小さな漁船での2時間に及ぶ船旅は快適とはいかないまでも、無事に島の近くまでたどり着けた。

途中で何度か船頭から、

「じっとしてないで水をかき出せ!」

と罵声を飛ばされたのを除けばではあるが。船体に隙間があって水が入ってくるばかりか、波を乗りこなしきれず、一気に大量の水が内部に入ってくるとまでは、まったく想定していなかった。

そんな船旅だったので、早く上陸したかった。それがスラム化した島ならばなおさらのことである。

ところが、いざ上陸というところでストップがかかる。島に駐在するウガンダ側の警察が上陸を認めないというのだ。とりあえず、こちらの持っている許可証を示して交渉することになった。

だが、交渉と思っていたのは、私のほうだけ。ウガンダ側の警察は尋問する気満々だったのだ。

警察署というには簡素な作りの小屋に通された。小屋までは、私が正式な許可証を持っているケニア警察がガードしてくれた。もちろん、ウガンダ側の許可証も正式なものである。それなのに認めないなんて……バカにしやがって。

慣れない船旅で正直疲れていたのもあったが、古今東西、旅人の到着を歓迎しないヤツは悪人なのである。まったく根拠のない思い込みかもしれないが、過去の経験から、これは断言してもいい。

そして、悪い予想が的中した。ウガンダ側の警察署長は明らかに曲者《くせもの》だったからだ。ギョロッとした目でこちらを睨みつけながら、「許可が本当なのかどうか確かめる。だが担当者に電話がつながらない」と言ってこちらの出方を見てくる。私は彼のことを「ブルドッグ署長」と呼ぶことにした。目つきだけでなく、頬の垂れ具合もぴったりだからだ。犬のほうと違うのは、表情がまったく読めないので愛嬌も可愛らしさもないところだ。

ブルドッグ署長のギョロ目なポーカーフェイスのおかげで、ヤツの狙いが賄賂《わいろ》の要求なのか、自分の保身なのか、まったくもって何が正解なのかわからないままだ。膠着状態で睨み合いが続くと、突如として「取材は許可できない」と言って交渉を打ち切ろうとしてきた。

「じゃあ、どうしろっていうんだ！」

こちらとて、簡単に折れてたまるか。とにかく食い下がる。これじゃあ、まるでこっちがブルドッグみたいだ。

「だいたい、電話の相手がつかまらなくても、こっちには正式な取材の許可証があるんだ。なんの確認を取るっていうんだ！」

「それは言えない」

「このまま退去するにしても、日が暮れるだろ。船がない」

「滞在は認めよう。ただし、警察の管理下で拘束させてもらう。もちろん取材は認めない」

こうして、取材許可証を持っていたのに、なぜか島での取材は許されず、それどころか、一昼夜外に出ることも禁止されてしまった。

ブルドッグとの対決は……

ちなみに過去に海外メディアがこの島に取材に来たことはある。私たちだけがダメだった理由はわからないが、曲者の警察署長は、つい最近になって赴任してきたようだ。つまり、取材が許可されていたのはブルドッグ以前のことらしい。

結果、ケニア警察が管轄する小屋でふて寝して時間をつぶすことになったのだが、それでも「トイレだ」「飯だ」「買い物だ」と要求を繰り返し、島の様子をわずかながら垣間見ることだけはできた。ただし、警察官がくっついてくるので、島民と話すことはできなかった。

冷静になって観察すると、私たちの監禁されている小屋をはじめとして、窓から見える建物すべてがトタンでつくられている。窓や扉はきちんと設置されているので、不自由なく暮らせそうではある。島民たちが実際にどんな暮らしをしているのか興味は尽きないまま、身動きできずに翌朝を迎えることになった。

（このままでは埒《らち》が明かない。島まで来て手ぶらで帰るなんてもったいなさすぎる。かといって、勝手な行動にでるわけにもいかないけど、ここまで来たのだから資料となる映像や写真はほしいし、最低でもレポートする音源ぐらいは……）

朝になってから、自問自答を繰り返した挙げ句、盗撮でもしてしまおうかと考えて

副

横井　ミギンゴ島のゴンザレスさんから、「いま、軽く拘束されてます」と言われたときは驚きましたよ。「粘れるだけ粘ってみようと思います」と、いきなり撃ち殺されるような緊急事態ではなさそうだったので、「もうちょっと粘りつつ、引くときは引くようにしましょうか」と伝えました。勝手に出歩くことが禁止されてしまったのは、初めてのケースでしたね。

丸山　現場判断の大切さがよくわかりました。拘束されてしまったうえで、どう映像を撮っていくのか考えたんですが、結局は伝えられればいいわけで、写真と音声が別でもいいだろうと。ICレコーダーを常に持ち歩いていたので、それを使いました。結果的に、ギリギリで許可が下りたので通常の取材となりました。音声や写真しかなくても、リアルを伝えることが大事ですね。

いた。だが、事態は急転直下でひっくり返った。

前日、あれだけ強硬に反対していたウガンダ警察のブルドッグ署長から、1時間だけならという条件付きで取材許可が出たのだ。

限られた時間のなかで、どれだけの取材ができるのか。とにかく、まずは玄関口から手を付けることにした。

ミギンゴ島は漁師たちの島だ。上陸したらまっさきに取材するはずだった、島の玄関口となる漁港を訪れた。

島の端っこではあるが、小さいながらも市場と荷揚げ場のような掘っ立て小屋がある。この島はビクトリア湖での漁業の拠点になっており、獲物は大きいものだと200キロ近くにもなるナイルパーチという巨大魚。

この魚を獲《と》るために漁師たちが集まり、多いときで約1000人が暮らしている。私が上陸したときは300〜400人程度のようだったが、サッカー場4分の1[74]ほどの島に対し、明らかに人口が釣り合っていない感じがした。

既に時刻は夕暮れ近くになっている。漁師たちの姿は港にはない。そこで、一本だけあるメインストリートに沿って立ち並ぶホテル、雑貨屋、床屋、服屋、携帯電話屋を見て回る。変わったところでは充電屋という店もあった。発電施設のない島にソー

74　約1800平方メートル。

ラーパネルを持ち込んで、充電そのものを商売にしている連中がいるのだ。

島内は岩石のみで土がなく、平地がないため足場を組んで小屋を建てている。風呂やトイレは湖岸まで行って済ませるというが、汚物は水流によって流されるので、島のまわりの水質は綺麗なのだそうだ。

島を一気に動き回って不思議だったのは、男だけでなく子どもや若い女の姿も見かけたことだ。

（上）ギャンブルは漁業で暮らす漁師の楽しみのひとつ
（下）ナイルパーチの干物は美味しかった

女性は「飲み屋をやっている」というのだが、とても飲み屋だけで生計を立てていけそうには見えなかったので、近くにいた島民に、さらに質問をしてみた。

「あの女の人たちは、本当に飲み屋だけなの？」

島で暮らす女性たち

「ここにいる漁師は男だ。な、わかるだろ」

「わからないな〜」

「だから、男だったら必要なことだよ。お前は昨日の夜、お世話にならなかったのか？」

「残念ながら、寝ていたよ。ずーっとね」

どうやら、彼女たちは売春婦も兼ねているようだ。その後、飲み屋の前の道に使用済みのコンドームがいくつも落ちているのを見かけたので間違いない。

こうして、少ない時間ながらある程度は満足できる取材ができた。しかし、本当に恐ろしいのはここからだった。

この島の最大の脅威は海賊による被害だという。島民がこう語る。

「彼らは、所持品、漁具、ときにはエンジンまで狙って来るんだ」

実はアフリカでは携帯を使った電子送金が盛んで、現金を持ち歩く人は少ない。そのため、海賊は換金しやすい機材などを中心に奪っていくのだという。

こちらは同行したディレクターのカメラだけではなく、ある程度の現金も所持している。もし島内でのやりとりが一部でも海賊たちに伝わっていれば、間違いなくターゲットにされるだろう。

そんな危険な帰り道は本当に勘弁してもらいたい。だが、島からの帰りの船で待ち受けていたのは、エンジンの故障による漂流だった。大幅な時間超過で上陸後の移動時間が深夜になり、山賊を警戒しながら進まなければならなかった。

こうしてまとめてみると、まるでこの世の出来事とは思えないが、私の取材したアフリカの巨大な湖に浮かぶ小島、ここで獲れるナイルパーチは、よく弁当の中に入っている白身魚のフライとして日本でも食べられている。異様な姿の島は意外なところで我々の生活と結びついているのだ。

2 セブ島

目の付け所

港、公園、道路など様々な場所にスラムはある。しかし、墓場にあるスラムというのは、どんな暮らしをしているのか想像がつかない。いったいどんな場所なのか、人々が墓地で暮らす理由を究明したい。

語学留学体験

２０１５年の正月に放送された『クレイジージャーニー』で、私がフィリピンの首都マニラを訪れ、巨大スラムとして知られるトンド地区を取材した様子が放送された。あれから私はフィリピンという国に興味を持ち、以降も何度か訪れていた。といってもただブラブラしていたわけではない。主な目的は2つ。ひとつは英会話学校の実態調査。もうひとつはフィリピンの暗部ともいうべきスラム街の実態をもう少し追ってみたいと思ったのだ。

英会話学校とスラムって……いくらなんでも雑にまとめ過ぎじゃ？　という文句が聞こえてきそうなほどにかけ離れた2つのテーマに、共通点を見出すことは難しいように思うかもしれない。だが、僭越《せんえつ》ながらゴンザレス視点で言わせてもらえば、いずれもフィリピンという国の「今の姿」を映し出すのに最適な題材なのだ。

まず、英会話学校の現状からお伝えしたい。

２０１６年5月、私が滞在したのはセブシティの北部エリアのグアダルーペ。高級住宅街にあたり、さすがに、出歩くだけでトラブルや危険に遭遇することはない。

昨今、フィリピン留学ブームで市場は拡大しており、とくにリゾート地であるセブ島は、日本人が訪れるハードルも低く、人気を博しているのだ。私のまわりにもセブ島での語学留学経験をもつ友人が何人もいる。彼らの話を聞いてみると、海外旅行慣れしているわけではなく、費用対効果の面で優れているため、セブ島を選んだという。

それもそのはず、フィリピン留学の相場は1ヵ月で10万円台なのである。飲食と宿泊費、授業料を含めてこの値段だというから驚きだ。

私が取材と英語のトレーニングを兼ねて入校したのは「ストーリーシェア[75]」という学校で、松本さん（通称ミオさん）という日本人が代表を務めている。

この学校を選んだのは、ＥＯＰ（English Only Policy）、つまり英語だけを使って授業と生活を送る方針が気に入ったからだ。宿泊施設も学校内にあり、休み時間や放課後にも教師が常駐して、話し相手になってくれる。

だが、この環境が私を小さな不幸に突き落とした。

入校以来、先生や職員とばかり積極的に話していたおかげで、生徒とほとんど打ち解けていないことに気がついたのだ。同じ建物内にいるのだから顔を合わせて話した

75　独自のメソッドで英語教育をおこなう日本人経営のフィリピン英語学校。マンツーマンレッスンや英語オンリーの校舎もある。現在、生徒募集中。

ことはある。だが、大半がはるかに年下の大学生。共通の話題に乏しいこともあって、いまひとつ積極的に関わろうとしてこなかった。そんなある日のことだ。

授業終わりに数名の生徒が、そそくさと荷物をまとめて校外に出ていったのだ。外出は珍しいことではないが、みんなで歩調をあわせてというのが気になった。

「なんかあったの？」

「さあ。コンビニでも行ったんじゃない」

先生に聞いても把握していないようだ。

しばらくして生徒たちが戻ってくる。その手にはソフトクリームやアイスクリームが握られていた。

「どうしたの⁉」

年甲斐もなく声を出してしまった。少しビクッとした年若い男女の集団がおそるおそる教えてくれた。

「休み時間にソフトクリーム食べたいねって盛り上がったんで、みんなで買いにいったんです」

この「みんな」に含まれていないのが、おじさんの悲しさ。とくに反論の余地もなくその場は肩を落として自室に引っ込んだのであった。閉鎖空間内でのこうしたプチイベントがいかに楽しいものであるかは、経験した者でないとわからない。私は相応のショックを受けたということだけここに明記しておく。

さて、こんなことがあってからというもの、私は積極的にクラスメイトに話しかけるようにした。英語を使わないと話す相手もいないのだ。引っ込み思案の日本人にとっては、こういう半強制的に英語をしゃべらされる環境は必要だし、体験調査をしたい私にとっても、大勢の人と会話ができてありがたかった。


休憩中にセブ出身のG先生と話し込むことがよくあった。G先生は20代で、ジム通いが趣味のマッチョなナイスガイだ。もちろん、話題はスラム街におよぶ。

「セブにはスラムってあるの？」

「あるよ。ものすごく危ない。俺はそこの出身だからよくわかるんだ。昔は学校に行くときに家の扉が開かないなと思うと、死体がドアに引っかかっているなんてこともあったよ。抗争で撃ち殺されたんだね」

「そんなところがセブ島にあるのか……。ギャングの抗争はいまでもあるの？」

「どうだろうね。でも、危ない場所はあるから、そこには近づかないことだ。僕は大学時代、スラムのあるエリアで育ったことは、あまり友達に言えなかった。そういう場所なんだよ」

こんなやりとりで英会話のトレーニングを積み、セブ島の闇を知ることができる……私にとっては実に恵まれた環境だった。G先生のおかげで、スラム街で使えるフランクな英語に磨きをかけることができたのも大きい。さらに嬉しいことに、取材先のあたりをつけるのに十分な情報収集もできた。G先生との雑談のなかで、セブシティにも「危ない場所」があるのはもちろん、巨大なスラムもあることがわかったのだ。

ロレガ探索

G先生から教えてもらったスラム、ロレガまでは街の中心部からタクシーで約20分。「9月が終わればクリスマスシーズン」といわれるほど、フィリピンの人たちはクリスマスに力を入れている。クリスマスに向けて強盗してでも資金を作ろうとする人もいるらしく、12月などは一年で一番強盗が多いそうだ。そんな強盗たちがタクシーを狙うときには、交通渋滞にハマって動けなくなっている隙に押し入ってくることもあるという。対策のため、どんな短時間でもタクシーに乗るときはロックするようにしている。わずか20分の距離であろうともだ。しかも、向から先はスラムである。

次第にタクシーは、ごちゃごちゃと建物が密集するエリアに入っていく。スマホで確認すると、どうやらロレガの周辺エリアに入ったようだ。車から降りると、軽い落胆と安堵が押し寄せた。ロレガ・ストリート沿いの街並みこそ雑然としているもの

の、横道も奥が遠くまで見通せる。スラムの怖さは「横道」にあると私は思っている。表から見通せない横道には、闇が生まれやすい。そして、闇には様々なものが身をひそめているからだ。

数百メートルの道を軸に無数の家々がひしめきあった場所。それがロレガ・ストリートである。

タクシーから降りて街を見渡す。やや違和感があるのだが、その正体を確認するために歩き回ることにした。

「ここはロレガだよね？」

そこら辺でたむろしている若者に話しかけた。

「そうだけど」

「なんかすごく綺麗だし、見通しもいいというか……」

「いま、新しく街を作っているからね」

「どういうこと？」

「火事だよ。知らない？」

どうやらG先生から入手した情報が少し古かったようだ。２０１４年3月18日、ロレガのスラム街は大規模火災により、大部分が消失してしまったというのだ。原因は漏電といわれているが定かではない。スラム街は火災が起こりやすく、原因の多くが漏電だったりするので、珍しくないといえばそれまでだが……。

本来ならばセブ島で一番危険な場所と呼ばれるにふさわしい雰囲気をまとっていたはずのロレガだが、火災の影響で道は拡張され、建物も改築や新築されたものが並んでいる。少し拍子抜けしてしまった。

セブの「闇の部分」とされる場所はまだある。街から外れた海沿いのイナヤワン地区にあるダンプサイト（ゴミ山）だ。そこにスラム街を形成して住んでいる人もいる。ゴミを利用して[76]暮らしているのだ。

ここも残念ながら、２０１４年末から２０１５年初頭にマニラ市内の別の場所へ移転してしまった。２０１４年ごろからセブの行政は本格的に浄化作戦を開始したとも考えられる。行政がスラムの浄化作戦を実行しようとすると、こうした火事や関係者の突然死がおこる。なぜか、タイミングが符合するのだ。

いずれにせよ、現在リゾート地として観光産業に力を入れるセブ島では、人目につく範囲からゴミ山やスラムを排除しようとしているのは間違いない。島内には多くのショッピングモールが建設され、リゾートホテルもある。島の雰囲気も悪くない。ただ、それはあくまで観光客の目線での話だ。いつまでも拍子抜けしたままではいられ

76　スカベンジャーという、ゴミ拾いを職業とする人のこと。また、ゴミ拾いの職業そのものを指すこともある。「スカベンジャー」というと少しかっこいいので、わざとそう名乗っているようにも思う。まあ、筆者の偏見かもしれないが。

ない。私はあらためてロレガの取材をはじめた。

貧民街ではあるが、スラムと呼ぶのは憚られる。そもそもスラムとは、法的な根拠なく家屋を建造して占拠した貧民街である。もっと平たく言えば「勝手に家を建てて住んでいる住宅地」なのである。存在そのものに違法性があるので行政は目の敵《かたき》にするし、突如として立ち退き要求をしたり打ち壊すことだってあるのだ。ロレガからはそんな雰囲気はまったくといっていいほど感じられなかった。

道を歩けば「ハロー、チャイナ」や「アニョハセヨ〜」と、セブ島で急増している中国人や韓国人に間違われ、「ノー、アイム・ジャパニーズ」と訂正することも面倒になってくるほどに声を掛けられた。とはいえ、路上に置かれたビリヤード台でギャンブルに興じる人々がいたり、スラムらしい光景も残っている。スラムにありがちな一ヵ所に集められた配線を横目に歩いていると、不意に声を掛けられた。

「ジャパニーズ?」

「ん? ああ、イエス。アイム・ジャパニーズ」

私を見ながら微笑む少女がいた。年の頃は10歳に満たないのはひと目でわかる。そんな子が英語で話しかけてくれたことだけでも驚きなのに、日本人だと思ってくれたのも妙に嬉しかった。

「君の英語はすごく上手だね」

「うふふ。ありがとう」

微笑ましいやりとりにこちらの顔も緩む。だが、次の言葉に私は固まった。

「私のお父さん、日本人」

「あ……」

「お姉さんが日本で働いてる」

これですべてを察することができただけに、それ以上言葉が返せなかった。それどころか、彼女に顔色の変化を悟らせないようにするのが精一杯だった。

フィリピンでは、スラムから美貌を武器にのし上がり、外国人と結婚することは、ひとつのゴールとされている。彼女は、幼心にそれが正しいことだと疑っていない。後はみなまで説明せずともわかるだろう。幸せな結末になるのであれば、それは決して悪いこととは思わない。それでも、複雑な思いが去来する。

「君は将来、美人になるよ」

そう言って彼女と別れ、次の目的地となる「墓場のスラム」へと向かった。

墓場のスラム街

私が向かっていた「墓場《セメタリー》のスラム」。ここはロレガのような密集した住宅地とは異なるタイプのスラム街だ。ロレガよりも有名かもしれない。あくまでスラムに興味のある人たちの間でではあるが。

墓場に住む人たちがいるらしいのだから、取材しないという選択肢はない。私は奥へと進んだ。

ロレガの外周に沿った通りを歩いていると、店の軒先で大きな豚をまるごと焼いていた。実に美味しそうだ。セブ名物のレチョン[77]だとすぐにわかった。大げさかもしれないが、フィリピン全土の豚の大半が消費されているといわれるほど、セブ島のレチョンは美味しいのだ。飴色に輝く豚肉を目の前にして、私の足がまったく動かなくなったのも致し方ないことだ。

「ひと口、売ってくれないか？」

「これはキロ単位じゃないと売れないよ。買ってくれるかい？」

「ごめん。無理だ～」

自然の摂理には逆らえない不毛な食いしん坊トークを終え、内心では後で絶対に食ってやると思いつつ再び歩き出したが、肝心の「墓場のスラム」の場所がわからない。かといって、地元住民に「墓場スラムはどこですか？」「墓に住んでいる知り合いはいますか？」などと聞くのも憚られる。

微妙なさじ加減だが、意外とこういった気遣いが、トラブルに発展するかどうかの

77 豚の丸焼き料理のこと。セブ島名物で、広く食べられている。ちなみにキロ単位で販売しているところが多く、気軽に「ひと切れください」などとは言いにくいものである。

分かれ目だったりする。とりあえず、「墓場はどこですか？」と質問して回ることにした。

いざ通行人や遊んでいる子供、家の前で洗濯をしているおばちゃんなど、何人かに聞いてみたものの「あっち」「こっち」「そっち」とバラバラで、どうも要領を得ない。

墓場のことを知らないのではなく、どうも外国人と接するのが面倒くさいという感じが伝わってくる。この反応には記憶がある。閉鎖されていた国境が開いたばかりのミャンマーのカレン軍[78]の旧支配地区で似たような体験をしたからだ。つまり、あまり外国人が訪れることもない地域に来ると見受けられる反応なのだ。

留まっていても仕方ないので、さらに手当たり次第に声を掛けようとしたところで、肉体労働者風の老人が目の前を通った。

「セメタリーは、どこにあるかご存じですか？」

「あ？　墓か。それならついて来い」

「え、そうですか。ありがとうございます」

ようやく当たりを引いたようだ。実に都合の良い展開だが、仮に間違っていたとしても、取り返しがつかないことにはならないだろう。老人についていくことにした。

彼が進んだのはスラムエリアから大きな通りを渡っていくルートだった。どうやら

78　反政府を掲げていたカレン民族同盟の軍事組織のことで、正式名称をカレン民族解放軍（ＫＮＬＡ）という。独自の行政機関を有しており、彼らが実効支配していた地域に外国人が訪れることなどめったになかったのだ。筆者が訪れた際も住民たちは物珍しい顔で外国人を眺めていた。

私が探しまわっていた場所には、そもそも墓場はなかったのかもしれない。

「ここだ。着いたぞ」

老人が指差した先には屋台が軒を連ねて、その奥には小さな小屋のようなものが立ち並んでいた。屋台では石盤やロウソクなどが販売されている。小屋に近づいてみると、棺が置いてある。ここが墓場であることは間違いない。後は、住んでいる人がいるかどうか……。


それは不思議な光景としか言いようがなかった。墓場の敷地内に人が集まっているのだ。隙間に椅子を置いたり、格子に洗濯物を干している。住宅地なら珍しい光景でもないが、墓地だから違和感がある。いや、墓地だからこそ、生活の匂いがすることがアンバランスなのだ。

進んでいくと棺桶状に作られた墓石の上に寝そべる人たちが目についた。昼寝というか、枕などを置いて本気の睡眠をしているようだった。気になるのは彼らが「ここ」の住人であるかどうか。単に通いで商売をしている人が休憩しているだけの可能性もまだ捨てきれない。考えて迷っているのも時間の無駄なので、墓にいる人に聞いてみることにした。

「ちょっとよろしいですか。あなたはここに住んでいるんですか？」

（上）生活感あふれる墓場　（下）棺の上に寝そべる人

「そうだけど」

「ここって、お墓ですよね?」

「見たらわかるでしょ。お墓だよ」

あっさりと得られた返答は、期待していたものであった。しかし、それと同時に「なぜこんなところに?」「これほど堂々と住んでいいものなのか?」という新たな疑問が出てくる。

というのも墓場のスラムは、珍しいスタイルではあるが他の国や地域で皆無というわけではない。むしろ東南アジアやアフリカに限っていえば、探したら見つかる、ぐらいのレア度であるらしい。

ただし、フィリピンの場合、その規模が他の地域に比べて著しく大きいのだ。首都のマニラには、約3000人が暮らす墓場のスラムがあるが、それは墓の敷地内に小屋を建てて暮らせるからこそ可能な数字である。一方、セブ島の墓場のスラムの場合は、居住形態が実に珍しい。居住スペースとして家屋を建てているのではなく、小屋のように建てられた墓場にそのまま住んでいるという特色がある。

私は霊園内を歩いてみることにした。実際に自分の足でまわってみると、かなり大きな墓地であること、そして多くの墓に人が住んでいることがわかった。こうなると、ぜひとも住人たちに直接聞いてみたいことが出てくる。

ちょうど棺が複数並んだひときわ大きな墓に暮らしている夫婦がいたので、彼らに話を聞いてみることにした。インタビューをしたいと伝えると、「いいですよ」と快く応じてくれた。こういうときのフィリピン人の気さくさには本当に助けられる。

「お二人はここで暮らしているのですか?」

「そうだよ。ずっとここに住んでいる」

「どうしてここに住んでいるんですか?」

「ここは、仕事があるからね。墓の管理なんかをしているんだよ」

「墓の管理って、お墓の持ち主に頼まれてやっているんですか?」

「ここに住むのを許してもらうかわりに、墓のオーナーが来ないときには掃除したり、外壁を修理したりしているんだ。許可がないと警察に通報されちゃうから、ほかの連中もそれぞれ墓のオーナーと契約している」

「つまり、ここに住んでいる人たちは、墓守として雇われているということなんですね」

「そうさ。他の連中は墓参りに来た人にロウソクとか花を売ったりもしている」

「ここでの暮らしはどうなんですか?」

「快適……とは言わないが、まあ生活はしていけるね」

公的な許可ではなく、オーナーとの私的な契約に基づいているということはわかった。とはいえ日本人的な感覚からすると、どうしても理解できない部分がある。死者と共に暮らす怪談めいた恐怖というか、霊的な怖さがあるだろう。だが、フィリピンの国民性というのだろうか、どうやら我々とは死生観が大きく違うようなのだ。

霊園を散策していると人だかりが見えた。祭りでもしているかのように騒がしい。近づいてみると、壁面に垂直に死者を収めるタイプの墓の前で、葬式というか、納棺式のようなことをしている。近寄るのは不敬かと思って距離をとって遠巻きに見ていると、参加者から逆に声を掛けられた。

「暑いでしょう。飲み物でもどう?」

そう言って、ジュースを手渡された。さすがに申し訳ないと思って辞退はしたが、集団の雰囲気は、どうも悲しみにくれている様子ではない。周囲の人の話によると、故人はだいぶ年寄りのようで「大往生だし笑って送り出そう」という感じらしかった。このケースが特別なのではなく、フィリピンでは幼子の死を除けば、明るい雰囲気の葬儀というのは珍しくないという。なかには葬式代が足りないと、葬儀の場でギャンブル大会を開催してお金を回収するということもあるそうだ。フィリピン人が、それほど死に対してフラットな気持ちで接するとは驚きであった。

葬儀の場を後にして再び霊園内を歩く。人気のないエリアでは、壁の封印が崩れ去り、頭蓋骨が露出している墓もあった。人が管理しないとこうなってしまうのか。フ

むき出しの骨と

ィリピンに長く暮らす友人から聞いたことだが、フィリピンでは若くして亡くなる人も多い。日本人のように80年スパンで人生を考えているわけではない。だからこそいまを楽しく生きる、東洋のラテンなどと称される国民性になっているのだ、という。生きることの意味だけでなく、死そのものとの向き合い方も考えさせられる旅となった。

3　香港

はたして、世界屈指の高不動産価格を誇る香港にスラムがあるのか？　それこそがメインテーマである。

籠屋探し

香港にスラムがある！

そう言われて九龍《クーロン》城砦を思い浮かべるのは40代以上だろうか。１９９４年ごろまで存在していた、香港の闇の象徴ともいうべき巨大な建造物だ。貧困層の住人たちに混ざって不法移民や犯罪者たちが暮らし、建物は増改築を繰り返し異様な佇まいを見せていた。世界的にも有名な場所だったのだが、負のイメージを嫌った行政府の方針で住民たちは強制移住させられたうえ、閉鎖され取り壊された。現在では跡地も公園となってしまい、その面影を偲《しの》ぶこともできない。では、香港のどこにいまだにスラムがあるというのか。

スラムとは、不法占拠されてバラック小屋が立ち並ぶ人口過密地帯。そのイメージと、東アジアを代表する大都市のひとつで、「１００万ドルの夜景」[79]で名高い金融都市・香港とは、なかなか結び付かないだろう。移動が簡単なコンパクトシティとして

79　１００万ドルの価値がある夜景ではなく、電気代に換算すると１００万ドルになるという意味である。夜景を見ながらこの薀蓄を語っても、女の子に喜ばれることは１００％ないであろう。

も知られている反面、居住できる土地が少なく、地価は世界でもトップクラスである。報道や雑誌でも、「香港のスラムの実態」なんて企画は、これまでお目にかかったことがない。

しかし、私は「香港にスラムが存在する」との噂を以前から耳にしていた。スラムと聞けば飛んでいき、取材がしたくなる体質なので、各国のスラム情報に必要以上に過敏になっているのは否めない。それでも、香港のスラムについては、噂は耳にするものの、どこにそれがあるのかという正確な情報が入ってこなかった。

そこに飛び込んできた「あるらしい」程度の信憑性。これぐらいで行くか行くまいか、どうしようか……と思い悩む時期が続いていた。

そんな折に、香港を拠点にしているジャーナリストと新宿で落ち合ってランチをしながら優雅に情報交換をしているときに、興味深い話を聞いた。

「あの街では、貧乏人は犬のような暮らしをするしかないんだ。ケージ・ハウスっていうんだけどね。本当に犬小屋だよ、あれ」

香港には「籠屋」というケージ（檻）で仕切られた家、通称ケージ・ハウスを貸し出しているところがあるというのだ。これを聞いてすぐに思い浮かんだのは、ひと部屋が細かく間仕切りされた牢獄のイメージだった。そして、話している最中に彼がスマホで写真を出してきた。

「犬小屋じゃないですか」

間仕切りだけの極小物件ならば、これまでにニューヨークの安宿、日本のカプセルホテルや漫画喫茶、韓国や中国でも見たことがあった。しかし、写真には檻で仕切られた部屋に入って暮らしている人々の姿が映し出されていた。

画像を見て嘘だとは思わないが、本当にそんなものがあるのだとしたら、香港の抱える「見えざる問題」を浮き彫りにできるはずだ——。好奇心の後押しを受けて、巨大都市の闇を追いかけることにした。


香港に到着すると、ホテルの受付の女性や道行く人などに片っ端から「籠屋」と書いたメモを見せるところから始めた。しかし、すぐにこの取材の難易度の高さを思い知らされた。

「ケージ・ハウスのことだね。昔は多かったけど最近はあまり聞かないな……」

みな一様にこんな反応を示すのだ。ほかに聞けたことといえば、ビルの2階などに入っていることがある、収入の不安定な人が暮らしている、籠屋に暮らす人のことを「籠民《ロンミン》」と呼ぶ、といったことぐらいで、情報がなかなか集まってこない。こうなったら、事前にジャーナリストが教えてくれた「旺角《モンコック》周辺から奥まった場所にある」という情報をもとに、その周辺を探るしかない。このエリアをくまなく歩いてみることにした。

ほどなくして、不動産屋らしき店をみつけた。外国人がケージ・ハウスの質問をするのは奇妙にうつるだろうが、手詰まり感のある取材を前進させるには、専門家に聞くしかない。店内には夫婦と思しき60代の男女がいた。

「すいません。日本から来ました。香港の不動産を調べているのですが、教えてほしいんです」

「いいですよ。どんなことですか？」

「ケージ・ハウスです」

「え……？」

想定外の質問だったのだろう。その驚きぶりが表情に出ていた。行き違いがないように、取材メモに記載した「籠屋」と「籠民」の文字を指差した。

「あ～、これね。もう残っていないかもしれないな」

「どういうことですか？」

店主の話によれば、部屋を2段や3段に区切って、何十人もひとつの部屋に暮らすスタイルというのは、ここ20～30年の香港ではよく見られたそうだ。

しかし、彼のような不動産屋が斡旋する部屋ではなく、住人募集の張り紙だったり、口コミだったりで集めていたという。

副

丸山　ケージ・ハウスは『クレイジージャーニー』カメラも同行しようとしてましたよね。結局僕だけが行きましたけど。

横井　運と縁がなかったんですね。ゴンザレスさんが撮ってきたものを見せてもらいました。

丸山　ケージ・ハウスはビルの中にあるので、所有者に許可を取らなきゃいけません。行政によってどんどん潰されていて、唯一住所がわかっていたところに、許可が取れませんでした。香港在住のジャーナリストに教えてもらった別の場所にも行きましたが、ちょうど工事中でした。そこがなくなったらもう残っていないんです。仕方ないので屋上に行きました。

横井　屋上はどうでしたか？

丸山　『クレイジージャーニー』の取材で行かなくてよかったと思いました。15階以上ある建物なんですけど、エレベーターがないんです。3棟や4棟回ったらもう足がパンパン。なんとか登ってみても

「2年ぐらい前だったかな。ケージ・ハウスで殺人事件があったんだよ。それ以来、行政府は取り締まりに力を入れていてね。だから一気に閉鎖されてるんじゃないかな」

後で調べてわかったことだが、ケージ・ハウスの住人同士の殺人事件があった。犯罪の温床になるという名目から、一斉に排除したのだろう。昨今、全世界的にスラムを排除しようという流れができており、各地で取材するたびにそれを感じている。

「じゃあ、もう見ることはできないんですか?」

「この近所にもあったんだけどね。そこに行ってみたら」

親切にも不動産屋の店主は、ケージ・ハウスが入っていたというビルを教えてくれた。店からはさほど離れていない。徒歩で20分。その場所にあったはずのケージ・ハウスが閉鎖されているのは一目瞭然だった。建物の2階より上で改装工事が行われていたのだ。先の殺人事件が契機となったかどうかはわからないが、ケージ・ハウスが次々と閉鎖されているのは事実のようだった。

もうひとつ、香港スラムの存在を知るきっかけになったものがある。海外サイトで紹介された数枚の写真だ。香港の住宅事情を伝えるものだったが、屋上にスラムのような小屋が並んでいたのだ。しかし、それ以上の詳細はなかったので、これがスラムと呼べるものなのか確証が持てないでいた。

鍵がかかっていて入れないところもありました。鍵がかかっていないところには行けましたけど。屋上は、家賃が普通の部屋の10分の1なんですよね。お金のない若者だけでなく、移民がそこに暮らしているんです。昔は違法でしたが、現在は建物のオーナーが空きスペースを貸すという形をとっているから違法性がない。電気や水道も通っていて、回っていて楽しかったですね。香港の見え方が変わりました。

横井　まさに大都市の光と影を表していますね。またチャンスがあれば番組でも行きたいですね。

居住できる土地が限られる香港では、ケージ・ハウスがそうだったように、建物に工夫をしてスラム化が進む。屋上スペースを有効に活用しようとする発想は理解できる。これまでの経験から「屋上スラムはある」という確信をもって取材にあたることにした。

ところが、いざ潜入取材をしてみようとするとこれが意外に難しい。交通網の整備されている香港で、ビルの路地裏をずっと歩くというのはあまりない経験だ。古びたビル裏の道を縦横無尽に歩きまわっていて、建物ごとに警備員や管理人がいて入り口を見張っていること、無人であっても、通りに面した入り口に鍵のかかる扉がある、ということに気がついた。不審者対策、不法侵入対策だろう。だが、目指すべきスラムが入っているのはこの先なのである。

九龍半島側のエリアを歩きまわって、いくつかのビルにあたりをつけた。共通点は、10階建て以上のエレベーターのない古いビル。管理人も扉もない。勝手に階段を屋上まで登れるところである。これが恐ろしく身体に負担をかける。エレベーターなしで15階建てのビルを登って降りてを繰り返すのを3回もやれば、膝が笑って力が入らない。一日かけて10棟も登り降りすれば、疲労困憊で動けなくなってしまう。もちろん、何かトラブルがあるかもしれないと常に構えている緊張感がそこに加わっているのもあるが、一番心が折れたのは、屋上に入る扉に鍵がかかっていて入れなかった場合だ。上まで登って入れません、となったときには、本当にその場にへたり込みそうになるほどショックが大きかった。

それでも、いくつかのビルの屋上には入ることができた。バラック小屋が立ち並ぶ、世界各地で目撃してきたスラムの住宅と同じような作りだ。写真を撮りながら住民たちへの接触を図るべく、訪ね歩くことにした。しかし、住民たちは出てこない。警戒しているのか、なにか別のことを疑っているのかわからないが、在宅の気配があっても窓の隙間からこちらを確認しては無視されるといった感じで、話を聞くに聞けない状況が続いた。

ようやく接点を持てたのは、意外な住人だった。イスラム教徒を思わせる民族服を着た男性で、一見して香港人でないことがわかる。日本から来たジャーナリストだと名乗って話を聞くと、警戒心をのぞかせつつも応じてくれた。

「どこから来たんですか?」

「インドネシアです。仕事で来たんですが……何を聞きたいのですか?」

「ビルの屋上に小屋があって、そこに人が住んでいると聞いたもので。それを取材に来たのです」

「私は普通にこのビルの人に借りました。おかしなところはないですよ。電気も通っていますし、家賃も払っています」

「家賃っていくらぐらいなんですか？」

「２０００ＨＫドルです。もういいでしょ。用事があるんです」

警戒心を解くことなく立ち去っていった。

屋上の小屋

彼が口にした家賃は、日本円でおよそ2万6０００円。香港でまともな家に住むとなれば、15万～20万円は必要となる。相場からすれば相当安いものであった。気になったのは、彼が家賃を支払っている相手だ。このビルには入り口に立っている人間はいなかったが、奥まったところに管理人室のような部屋があったのを覚えていた。そこで話を聞いてみることにした。
「屋上の小屋に住んでいる人たちがいますよね。あの人たちって家賃を払っているんですか？」
「あそこはスペースが空いているからね」
どうやらビル側も把握しているようだっ

た。しかし、それ以上のことは何も教えてくれなかった。やはり何かを嗅《か》ぎまわっていると警戒されたようだ。だが、屋上スラムの実態も、ある程度だが解明することができたように思う。空いた場所を有効に活用しているのであって、あくまで合法的に低所得者や出稼ぎ労働者が暮らしているのだろう。ある意味では収入の少ない人々への自然発生的な救済措置なのだろうか。

公園を占拠する女たち

底辺暮らしを続ける人がいる一方で、大金持ちも存在するのが香港である。それを如実に示すのが日曜日の公園だ。親子連れやカップルが遊ぶのどかなものではない。銅鑼湾《コーズウェイベイ》のヴィクトリアパークを中心に、女性たちが公園を占拠してしまうのだ。

「何をしているんですか？」

公園にいた女性に声を掛けると、気さくに応じてくれた。

「おしゃべりをしているだけよ。友達とここに毎週集まっているの」

「毎週ですか？」

「そうよ。私たちの仕事は日曜日が休みなんだけど、どこかに行ってお金を使うのがもったいないから、ここに集まることにしているのよ」

「どんなお仕事をしているんですか？」

「メイドよ」

「普段はどこにいるんですか？」

「オーナーの家に住み込ませてもらっているの」

香港のある一定水準以上の家には「メイド部屋」といわれる小部屋が必ずあって、そこに住んでいるという。私が見たことのあるメイド部屋は、やや大きめなクローゼットぐらいのサイズで、人間が寝てしまえばそれ以上の隙間はないような狭さだった。

「ところで、みなさんはどこから来たんですか？　香港の人じゃないですよね」

質問の時点で香港人ではないことはわかっていた。多くの女性がブルカ[80]を身にまとっていたからだ。

「インドネシアからよ」

「ほかの人たちも同じですね」

私がインドネシアに行ったことがあるというと、嬉しそうに笑って雑談は盛り上がっていった。

取材の場所を中環《セントラル》に移すことにした。メイドたちが集まっているのは銅鑼湾だけではない。中環には別の国から来た女性たちが集まっていた。フィリピンである。

高級ブランドショップの前にシートを敷いて、弁当を持ち寄りおしゃべりに花を咲

80　イスラム教徒の女性が頭に被るベール。

かせる。女性ならではの楽しみ方ではあるが、道路を占拠する様子はなかなかに壮観である。海外への出稼ぎ者が多いフィリピンでは、もともと香港でメイドとして働く女性が多かったという。そこにインドネシア人も加わって、いまでは香港島の日曜の風物詩となっているのだ。裏を返せば、メイドを雇えるだけの富を持つ香港人がいかに多いかを示している光景ともいえるだろう。

思い思いに過ごす女性たち

最後に香港の「原点」を訪れてみることにした。いまでこそ巨大な商業都市となった香港だが、もともとは小さな漁村が始まりだった。その当時に近い環境で暮らすボートピープル（水上生活者）が現在もいるというのだ。

香港島の銅鑼湾内、堤防の設置されている港に小舟が並んでいる。近寄ってみると、一艘ごとに人が乗船している。よほど注意して見ないと係留されているだけだと思ってしまいそうだ。陸地に近い船に声を掛けてみることにした。

「すいません。ここの船には人が暮らしているんですか？」

「ああ、そうだよ」

「ずっとですか？」

「用事がないと陸にはあがらないかな。郵便も届けてくれるし、仕事もある」

「郵便が届くんですか？　それに仕事もですか？」

「船ごとに住所がちゃんとあるんだよ。仕事は客を乗せて港を遊覧したり、食事を出してレストランになったり。大きな船だったらそれができるからさ」

「そうなんですか……」

「ところであんたもどうだい？」

「用事があるので、また後でお願いします」

二度と来る気のない客の典型のような返事を残して立ち去った。

私が取材した銅鑼湾は香港経済の中心地である。そんな場所に多くの水上生活者がいたことも驚きであるが、その暮らしの実態も予想外だった。水上生活者は多くの場合、漁業で生計を立てる。それがここではサービス業で成り立っているというのだから、香港らしい生活スタイルなのかもしれない。だが、こうした暮らしが今後も続いていくのかといえば、そうでもないそうだ。政府の規制ではなく、仕事が限られることや、子どもの教育のために陸地にいたいという希望から、若い世代は陸上生活を選んでいるのだそうだ。

経済や教育は、香港人にとって生命線である。中国共産党の影響が強まって行政府

港に浮かぶ小舟（住宅）

はすでに対抗しきれない。反発した市民は2014年に雨傘革命を起こした。香港人の根底にあるのは、自主独立した自由を求める精神である。そしてそれを支えているのは、強い経済力と高い教育水準だ。しかし、香港の根幹ともいうべき両者を伸ばし続けることは、格差を生み続けることでもある。高層ビルを背後に眺めながら暮らす水上生活者と対比すると、アジアを代表する優等生のイメージの裏にどれほどの格差が潜んでいるのか、これほど残酷に浮き上がらせる景色もないと思わざるをえない。

香港は貧しさの上に立ち続ける。底辺があるからこその繁栄であることを、当の本人たちは気にしていないのかもしれない。福祉よりも優先するべきことがあるからだ。

この先、経済的に歪みが拡大しようとも、中国本土に取り込まれず、独立した香港人で在り続けるためには、矛盾を孕みながらも前に進んでいくしかないのだ。

第五章
享楽都市の孤独

キーワード

ホームレス……定義するならば「家のない人」のこと。現代社会において住所がなければ、様々な問題が生じる。行政サービスを受けるのも、就職するのも困難だ。多くの途上国で家族ごとホームレスになってしまうという状況がみられるが、先進国の都市部も例外ではなく、多くのホームレスがおり、社会問題となっている。

精神疾患……経済的に余裕がある人ならば通院もできるだろうが、ホームレスの場合、診断を受けることもままならないため、自分の病にも気づかず孤独に追い詰められ、壊れてしまう人も多い。

どうして社会は弱者を助けられないのか?

社会保障制度がきちんと機能していれば助けられる。しかし、日本の生活保護問題などを見れば明らかなように、先進国でも救うべき人に救いの手が十分行き届いていないのが現状である。

1　ラスベガス

ラスベガスの地下住人たちの存在を確認することと、どんな生活をしているのか。なにより、なぜ地下で暮らしているのかを探る。

なぜ、地下を目指したのか？

アメリカのホームレス。社会問題としてニュースで報じられることもあるし、ボロボロの犬を連れて、路上で座り込むというイメージは小説や映画にもよく登場する。実際に現地を訪れた人ならば目にすることもあるだろうが、まず直接接触をすることはないだろう。日本にもホームレスは多くいるが、アメリカのホームレスの生活を日本人が想像することはむずかしい。

私が彼らに興味を持ったのは、２０１６年に行ったハワイ取材[81]のときだった。常夏の楽園で、日本人にとって海外旅行やリゾート地の代名詞となっているハワイが、ホームレスの増加で窮地に陥っている。そんなニュースを偶然目にする機会があった。

報道によれば、全米で56万人いるとされるホームレスのうち、人口に対して占める割合がもっとも高いのがハワイ州になったという。

行政の調査によれば、ハワイの人口１４０万人に対してホームレスが約７０００

81　「週刊プレイボーイ」で「ハワイがホームレスの楽園になっていた!!」と題したルポを掲載した（２０１６年３月14日発売号）。

人、人口比にして０・５％となった。人数こそ７０００人と、それほど多くもないように思えるが、もともと他の州より人口が少ないハワイにとって、ホームレスの存在は少数ながら強烈な異彩を放っている。

しかも、日本人にとっての楽園が「ホームレスだらけ」と刷り込まれてしまったら、観光産業にも大打撃を与えてしまう。観光産業はハワイの生命線だ。事態の深刻さは、２０１５年にイゲ州知事が非常事態宣言を出したことからもうかがえる。

ハワイの置かれた状況を把握したところで、私にはある考えが浮かんでいた。

（観光客にとっても楽園なら、ホームレスにとっても楽園に決まっているだろう。ならば、他の州からやってくるホームレスもいるんじゃないか）

さすがにホームレス生活はハワイであっても決して楽ではないだろうが、冬場に路上で凍死するリスクがないとか、いざとなったら自然に生えているヤシの実を食べたり、海で魚を獲ったりして暮らせそうだとか、そんなふうにハワイのホームレス像を思い描いていたのだった。こんなふざけたイメージこそが、リゾート地には行かないと決めていた偏屈な旅人マインドの持ち主である私を突き動かす、直接の原動力になったのは否めない。心苦しいところではあるが……。

さて、ハワイのホームレス問題は、私が訪れて取材していくなかで、行政のプログラムによって徐々に改善の兆しをみせていくという前向きな結論で締めくくることができた。本筋ではないので詳細は割愛させていただくが、ハワイ取材を通じてアメリカ本土から来たホームレスの存在を知り、本土での待遇や厳しい環境を耳にして、本土のホームレス問題にも興味を持ったのは自然な流れだった。

少々前置きが長くなったが、アメリカ本土のホームレスについて調べようとして思い出したのが、10年ほど前に見た「ラスベガスの地下に人が住んでいる」、そんな国際ニュースの記憶だった。ぼんやりとした記憶をたどりながら、キーワードを入れて検索してみると、「LAS VEGAS: Living in underground tunnels」と題された動画がヒットした。

10年前の動画がまだ存在していることに驚かされたが、再び好奇心が湧き上がってきた。これだけの動機でラスベガスへと向かった……わけではなく、『クレイジージャーニー』のスタッフも同行した。スタッフの同行基準がまったくわからないのだが、アメリカの大都市だし、お手軽な取材になるだろうという目論見《もくろみ》があったのかなと思う。この番組のスタッフはいつもそうなのだが、「次どこに行きますか？」と軽く聞いてくる割に、「それって安全ですか？」などとあれこれ質問してきては、勝手に同行する・しないを判断してくる。

もちろん、取材のプロフェッショナルとしてこちらに敬意を払ってくれているので、同行しようとしまいと、私は大して気にしていない。

地下住人探し

「アメリカだし、ベガスだし、危ないこともないでしょ」

この発言に続けて、「あれこれ考えすぎなんですよ、真面目だな〜」と、さらに重ねてきたのは、本当は優しい顔面凶器のKディレクター。彼とともにラスベガスを訪れたのは2015年4月のことだった。砂漠の中にある都市にしては、比較的過ごしやすい季節だ。だが、それは日中だけ。いくぶん皮下脂肪が多めと自負している私でも、朝と夜の冷え込みは辛かった。一気に気温が下がり、Tシャツでは少々厳しい。さすがに路上で暮らすのは無理かもしれない。ホームレスの暮らしの大変さを、肌をもって知ることとなった。

空港から市内へ向かう道で目に入ってくる豪華絢爛なホテル群は、この街の富の象徴だ。ベラージオ、モンテカルロ、プラネット・ハリウッド、ルクソール、MGM……。名だたるホテルが並び、ボクシングやNBAの試合、ミュージカルが毎日のように開催される。過剰なほどに豪華なホテルにはカジノが併設されており、世界中から集った人々がギャンブルに興じている。

言うまでもないが、ラスベガスのホームレス問題は、ギャンブル抜きに説明することはできない。当然、カジノに行く人すべてが勝てるはずもなく、なかには稼ぐどころか破産するまで身ぐるみ剝がされてしまった人もいるだろう。私は、ギャンブルなど胴元が勝って当然のものと思っているが、地下住人に出会えたら、そのあたりについても聞いてみたかった。

地下住民の手がかりを探し始めたが、想像していたよりも簡単に見つかった。

「地下に暮らしている人を知りませんか？」

ラスベガスは観光産業一極集中型の都市である。外国人が集まるホテル街を離れれば、住宅地しかない。地元住民に会うなら、狙い目はホテル街の外れと住宅地の入り口とが重なるあたりだろうと予想して、聞き込みを開始した。

観光客と地元の人間を見分けるのに特別な工夫は必要ない。旅行用のトランクなどの荷物の有無と、迷いなく目的地に歩いているかぐらいをチェックすればいい。これは旅人として、現地人にアプローチする過程で身につけたスキルのひとつである。普段はまったく役に立たないが、こういうときには心強い。間違えて観光客に声を掛けてしまっても、すぐに次にいけばよいので、ハズしてもまったく気にならない。このぐらいの軽い気持ちでギャンブルにも挑めればいいのだが、人間は金が絡むとどうしても引き際が見えなくなってしまうものだ。

さて、私たちはダイナー（レストラン）の駐車場がある、見通しのいい交差点に陣取り、行き交う人に声を掛けていった。地元民の何人かが地下住人について「聞いたことある」「この先で見たことがある」と教えてくれた。どうやらUMA[82]とは違い、実在するのは確かなようだ。探索にも力が入る。

82 未確認生物。

いよいよ潜入！

WELCOME TO Fabulous LAS VEGAS

ラスベガスを訪れ、この看板を目にした人も多いだろう。ギャンブルに興じる人も、エンターテインメントを楽しむ人も、どんな人でも受け入れるかのようにそびえ立っている、享楽都市ラスベガスの象徴的な看板だ。マンダレイ・ベイ・ホテルという金ピカの豪華絢爛風というか成金趣味な、ラスベガスにしか建てられなさそうな悪趣味な巨大ホテルのすぐそばにある。車で中心部から15分ほどだろうか。徒歩で来るにはやや不便な場所だ。そもそもアメリカで徒歩移動を考えるほうが無理な話で、ましてやここは砂漠の中にある街。外を歩けば、体力も気力もあっという間に限界がきてしまう。

ホームレスが暮らす地下道は、この看板のすぐ近くにあった。

幹線道路に沿った入り口は、道路からはフェンスで遮られるようになっており、一段低まった場所にある。空港からホテルに向かう途中に車で通ったはずだが、まったく気がつかなかった。

移動中の車だったからとか、やる気スイッチが入っていなかったからとか、言い訳はできるが、「闇」への入り口が観光客の目に触れないよう、巧妙に道路の端に追いやられ、隠されているようにも感じられた。

ここに人が住んでいる

フェンスを乗り越え、地下道の入り口に向かい、ゆったりとしたスロープ状の道を下っていく。両サイドはコンクリートの壁になっており、圧迫感がある。50メートルほど歩くと、広いスペースに地下道への穴が2つ開いていた。まず、向かって右の穴の入り口に近づいて、中を覗き込む。そこに人が暮らしているであろうことはすぐにわかった。クーラーボックスが置いてあり、周囲には多くのゴミが散乱していたからだ。酒瓶やビール缶が酒盛りの跡のように雑然と置かれていたのは、誰かが意図的に配置したもので間違いないだろう。ここには誰かが住んでいるのだ。

すぐに奥に入っていくのはためらわれたので、もう一方の穴の入り口も覗き込んでみることにした。そこには衝撃の光景が広がっていた。

「ウンコかよ……」

口から発せられた自分の言葉に驚いた。いくらなんでも、見たままの感想を述べただけのコメントはないだろうと我ながら思うが、このウンコの様子があまりにも異様だったので仕方ない。食事中の人やウンコがダメな人は、この先の描写を読むのを控えたほうがいいかもしれない。

無数のウンコ痕が壁に並んでいる。それも、等間隔にだ。精神異常者か麻薬中毒者か。それともその両方だろうか。どんな相手が出て来るにしろ、話の通じる相手ではないことは間違いない。かつて、私が日本の裏社会を取材している際、強面《こわもて》のヤクザから「シャブ中だけは相手にしたくない」と言われたことがある。恐る恐る理由を聞いてみると「あいつら、薬でぶっ飛んだ状態だから何しでかすかわからんだろ。話が通じない」と、ごもっともな理由が返ってきた。ヤクザでも恐れる存在——以来、私も薬物中毒者にだけは気をつけるようにしている。こちらの予想を大きくハズレた動きをしてくると、容易に想像できるからだ。

「右の穴に行きましょう」

閲覧注意！

同行のKディレクターに進路を告げた。

「なんでですか？」

「明らかにおかしい人がこっちの穴にはいると思うんで」

薬物中毒者はヤバいよという話を伝えて納得してもらい、我々は右の穴から地下道の奥へと踏み込んでいった。

砂漠のど真ん中にあるネバダ州ラスベガスでは、洪水対策のため、地下にトンネルが張り巡らされている。豪雨が襲っても地下水は一気にトンネルへ集まり、街の外へ放出される。私たちが足を踏み入れたのもそのトンネルのひとつだ。

入り口から10メートルも進むと、あたりは薄暗くなった。さすがに夜目はきかないので、歩く速度を一気に落とす。おかげで周囲をゆっくり観察できる。まず気がついたのは、体感温度というより、トンネル内の気温だった。

日差しが遮られたことで涼しくなったが、不快な感じはなく、むしろ地上より過ごしやすいほど。ときどき吹き抜ける風も爽やかだ。空気が流れているからだろうか、地下水路特有の異臭もしない。気候の乾燥も手伝っているのだろう。そのまま歩き続けること数分、トンネル内は完全な暗闇に包まれ、50メートルも進まないうちに散乱するゴミがライトに照らし出された。主にビール缶などの生活ゴミだが、外から風で飛んで来るようなものだけではない。寝袋や毛布などもたたまれた状態で放置されていたのだ。

この場所まで誰かが来て、生活していたのは明らかだった。先には誰かがいる。男だ。なんと、通路に直接敷かれたマットレスの上で布団にくるまって寝ている。昼過ぎだったので、昼寝だろうか。眠りはそれほど深くない……はず。声を掛けてみる。

「すいません。日本から来たジャーナリストです」

「あ⁉」

怒ってはいないが、いきなり起こされたうえに外国人に囲まれ、戸惑っているようだ。まあ、ここがアパートだとして、部屋で寝ているところを侵入者に起こされてインタビューしたいと言われたら、私ならキレるどころのレベルではないだろう。彼の戸惑いを察して「すいません」と再度謝った。

「この街の地下で暮らしている人にインタビューをしています。あなたの話を聞かせてもらえませんか」

「いいけど……何が聞きたいんだよ」

快諾とはいかなかったものの、事情を説明して勘弁してもらうことができた。ようやく念願の地下住人第1号に接触できたのだ。ここは取材者として踏み込ませてもらうしかない。

男性はヒゲのないサンタを薄汚れさせたような見た目で、歳は50代といったところか。威圧感はない。

「夜勤明けなんだ。ちょっと一服させてくれ」

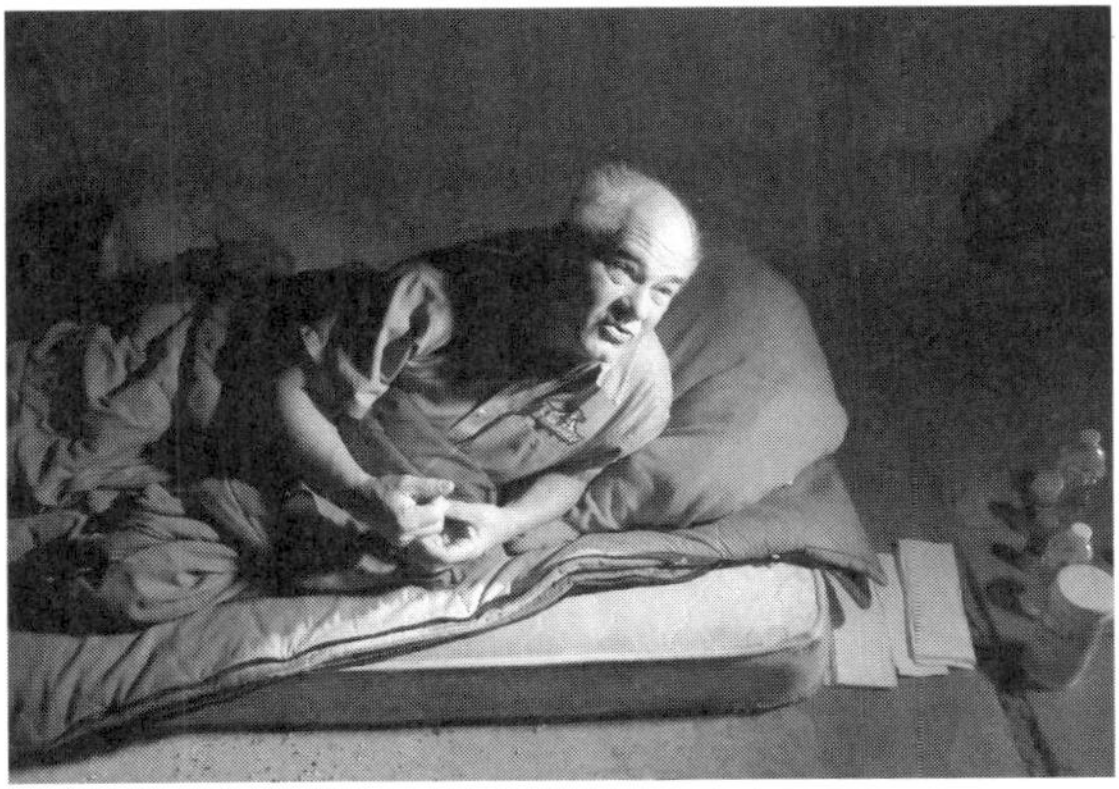

ジョンさん（寝起き）

ヒゲなしサンタことジョンさんはそう言うと、タバコを咥えて火をつけた。煙が流れていく。よく見れば彼の周囲には多くの吸い殻が落ちている。尋常な量ではない。オフィス街のコンビニに設置された灰皿をひっくり返せばこのぐらいの吸い殻が出てくるだろうが、ひとりで吸うには多すぎる量だ。いまアメリカでタバコは一箱8ドル前後。これだけの量を買うとなれば相当な額になるはずだ。とはいえ、資金源のヒントは彼の口からすでに出ている。

「夜勤っていいますと、お仕事をされているんですか？」

「そうだ。コンビニで働いている」

ホームレスをしながら働く人は珍しくないが、彼の場合はパートタイムでしっかりと働いている。それならば地上である程度はまともな暮らしを送れるのではないだろうか。そんな疑問が私の顔に出ていたのだろう。ジョンさんはニヤつきながら言った。

「地上で暮らすと家賃が高いだろ。俺は寝に帰ってくるだけだから、これで十分なんだよ」

「きちんと計算されているんですね。でも、そんなに生活設計ができるあなたが、なぜこんな暮らしをしているんですか？」

「前はバーを経営していたんだ。おかげで数字には細かくなった。けっこう流行っていたと思う。それが、人生はわからないよ。離婚でかみさんに持って行かれたんだ。ちょうど娘も大学に行く歳だったし、もうなんか全部が嫌になって、ここに来たんだ」

ジョンさんは、深くタバコを吸いながら過去を回想しているようだった。

「それまでの俺は真面目だった。酒もタバコもギャンブルも女もやらなかった。それが離婚によって、人生で築き上げてきたすべてが崩れたんだ。バカらしいだろ。だから、半分になった財産をこの街で全部使ってやろうと思ったんだ。使い終わったら死んでやろうかぐらいに思ってさ」

アメリカでは離婚の際に夫婦の財産を折半するため、事業をたたんで現金化することがある。ジョンさんの場合もそうだったようだ。

「でもよ、ここに来てギャンブルやって遊びまくるうちに人生が楽しくなってきた。だから、いまは自分の楽しみを優先させる生活をしているのさ。家賃なんか払うよりも、他のことに金を回しているわけだ」

無計画なようできちんとした生活設計をしているジョンさんが、だんだんヒゲなしサンタから、ヒゲなし社長に見えてきた。背景を聞けば、タバコをはじめ様々な遊興費に金をつぎ込む彼の生活スタイルも、妙な説得力を帯びてくる。

どうしても気になっていたことを聞いてみた。

「ところで、入り口のウンコ。あれはなんですか？」

「隣の穴のヤツがしているのか……俺はあっちに行かないから詳しくはわからないんだ」

「交流はないんですか？」

「前は挨拶をしていたが、俺も夜勤が多いからな」

「ウンコの奇行はいつごろからかわかりますか？」

「わからないな。ただ……」

「ただ？」

「半年か1年ぐらい前から叫び声みたいなのが聞こえるようになったな」

間違いなくその頃でしょう！　と突っ込みたいところではあったが、壊れてしまった人のことをとやかく言っても仕方ない。それよりも、ジョンさんの将来について最後に聞いてみたかった。

「これから先はどうするんですか？　最初に欲望を発散したわけじゃないですか」

「実は金を貯めているんだ。もうすぐ車が買える。そうすればここに暮らしながら気が向いたらドライブしたり、どっかに旅に出るのもいいな」

「この暮らしは続けるって……じゃあ、いまの暮らしは楽しめているんですか？」

「当たり前だろ。ときどき、娘に電話するんだが、俺がこんな暮らしをしているなんて想像もしていないだろうな。それでも、俺はこの生活をやめるつもりはないよ」

不思議な男だった。悲愴感は一切感じさせない。むしろ、すべてを失って生まれ変わったかのように、過去と未来を語る彼に圧倒された。ラスベガスのホームレスは、これまでに日本で取材してきたホームレスとは大きく違う。そんな実感を抱くのに十分な取材となった。

ある夫婦の物語

地下住人のなかには、新天地を地上に求める人もいる。

シャロン・ノムラさんとジャズさん。ヒゲなし社長ジョンさんが暮らしていたマンダレイ・ベイ・ホテルにほど近い地下道に住む夫婦だ。

暗闇のなか、布を張って区切られたスペースに出た。「はろ〜」「えくすきゅ〜ずみ〜」と雑な英語で声を掛ける。少なくとも専有領域にいる人に敵意がないことを伝えようと思ったのだ。実際、そっと入っていくと、二人の男女が驚きつつも笑顔で迎えてくれた。それがシャロンさんとジャズさんだった。

「日本から来ました。ジャーナリストで取材をしています」

そう伝えるとシャロンさんは笑顔を見せてくれたが、どこか恥ずかしそうな複雑な表情になった。

「私の祖母は日本人で、親戚もまだ日本にいるのよ」

「え⁉」

「私のファミリーネームはノムラよ」

日系人のホームレスということで複雑な思いが生まれた。だが、ルーツはともかく現在の彼女たちはアメリカ国民だ。民族的な同情は必要ないと、軽く動揺した自分に言い聞かせるしかなかった。シャロンさんは、いかにも親戚のおばさんにいそうな、恰幅のいいというか中年太りした顔で、非常に親しみやすい雰囲気だ。一方のジャズさんも、穏やかな語り口の雰囲気イケメン風おじさんで、こちらに警戒心を抱かせない。おかげで話が弾み、テンポよく二人の馴れ初めなどを聞いていくことができた。

元々は地上で結婚生活を送っていたシャロンさん。ありがちな展開かもしれないが、夫婦仲が冷え切っていき、やがて、シャロンさんは離婚を決意した。だが、夫が離婚に応じようとしない。仕方なく別居したものの、行き場がなく地下暮らしが始まったという。当時は別の男性と暮らしていたが、そこに彼の知り合いだったジャズさんが遊びに来た。ジャズさんも失業して地下暮らしをしており、お互い引かれ合うものがあったようで、結果的に略奪愛が成就。紆余曲折を経て、二人で地下〝同棲〟を始めたという。

「元の旦那がね、いまも籍を抜いてくれないのよ」

夫婦のリビング

うんざりした表情でシャロンさんが言う。

「いまもって……ちなみに離婚の原因はなんだったんですか？」

「それは……」

シャロンさんが急に言葉に詰まった。するとジャズさんは、その様子が面白かったのか、笑いながら「ギャンブルだよ」と言った。

冒頭で予想した通り、ラスベガスでホームレスをしていれば珍しくない理由のはずだ。別に隠すことでもないような気もするが……。シャロンさんが続ける。

「だって、これ日本で放送されるんでしょ。日本の親戚が見たら恥ずかしいじゃない。母の兄弟たちが生きているはずなの」

「大丈夫ですよ。深夜に放送される番組ですから」

「そうなの？　みんな年寄りばかりだから、それなら大丈夫ね。安心したわ」

苦し紛れの言い訳だったが、あっさりと彼女の懸念は解消されたようだ。その後、夫婦の「家」を、その場から一歩も動かずにジャズさんに案内してもらった。

「そこにあるクーラーボックスがキッチン、積んである服が彼女のクローゼット、君が立っているのがリビングだよ」

「床にゴミが落ちてませんね。すごくきれいです。掃除はよくされているんですか？」

「俺がやってるよ」

「彼はね、本当に器用なの」

シャロンさんは嬉しそうに、壁に施された微妙なアート作品などを説明してくれた。二人が引かれ合った理由もなんとなくわかる気がする。

「お風呂やトイレはどうしてるんですか？」

「水で体を流したり、拭いたりとかね。トイレは……」

いくら親戚のおばさんにいそうな顔であっても、さすがに女性には答えにくい質問だったかもしれない。しまったな、と思っていると、すかさずジャズさんが割って入った。

「小はビニールへ、大はバケツに入れる。でも溜めておくと臭くなるからすぐに外に捨てに行くよ。なるべく綺麗にしておきたいからね」

たとえウンコの話題であろうと、こういう率直な応対をしてくれるところはアメリカ人らしい。

「ところで、ここで暮らしていると危なくないですか？　シャロンさんは女性ですし」

「いまのところ危ないって思ったことはないわ。ときどき水が流れてくるから、それに気をつければいいぐらいよ」

「水ですか？」

すっかり当たり前に歩いていた地下トンネル。本来の役割は、砂漠の都市であるラスベガス近郊に降った水を、街の外へ流すための水路だということは先に述べた。しかし、砂漠の地下水路に流れてくる雨の量とはいったいどのぐらいなのだろうか。

「流れは強いけど、逃げられないぐらいの水は経験したことないわ」

「どのぐらいの高さまでくるんですか？」

「膝ぐらいが多いわね。だからベッドが水に浸からないように高く設置しているのよ」

シャロンさんが布団をめくると、ベッドの下にはビールケースが3箱ほど重ねられて、高さが調節されていた。ほかの荷物も大半は床より高くなるように置かれている。

「だけど、こんな生活はいつまでもやっていられないから、いまは公営住宅に応募しているんだ」

「何度かハズレているけど、順番待ちみたいなところがあるから、当たる確率はどんどん上がっていくのよ」

「シャロンさんが言うと、ギャンブルみたいですね」

「そうね（笑）」

こうしてすっかり打ち解けた夫妻と共にカジノに向かった私たちは、客の残した小銭でギャンブルに興じる彼女の「仕事」の様子を取材させてもらった。別れ際も、二人はしっかりと手を繋いでいた。環境がどうだろうと二人は愛し合っている。それは幸せなことだろう。きっと二人は公営住宅に当選し、その先にはハッピーエンドが待っている。そう実感できた。

愛の結末

誰が悪かったわけでもない。ただ、運が悪かったのだ。そうとしか言いようのないニュースが飛び込んできた。

海外を飛び回る生活から一転、帰国すると、私は仕事場に缶詰になることが多い。と言っても朝から机に向かうことは稀《まれ》で、だいたいは遅い昼食を済ませ、午後から作業を始める。遅々として進まない原稿に嫌気がさしてきて、いつものように逃避行動としてTwitterをぼんやり眺めていると、ラスベガスで鉄砲水があったというニュースが目に入った。[83] ニュースについてきた動画のリンクをクリックしてみると、記憶にある場所が濁流に飲み込まれる様が映っていた。

そして、次に出た画像に手が止まった。

「死んだのはシャロン・ノムラ……」

嘘だろ⁉　という私の思いを打ち消すように、地面にのたうち回って泣き叫ぶジャズさんの姿が映し出された。本人に間違いない。

取材で会っただけの関係ではあるが、それでも数時間を一緒に過ごした。その人が亡くなったことに現実感を抱けない。

もし、地上の公営住宅にもう少し早く当選していたら、鉄砲水が起きたときに、どこかのカジノでギャンブルに熱中していたら、たまたま外出していれば……あらゆる〝タラレバ〟が浮かんでは消えた。

「流れは強いけど、逃げられないぐらいの水は経験したことないわ」

シャロンさんにそう言われたときは、「まあ、無数に地下水路が張り巡らされてい

83　2016年7月1日。

るし、水も分散されるんだろう」と聞き流していた。いまにして思えば、彼女はギャンブラーだ。ハズレをひかずにここまできたが、人生の最期に悪手をひいてしまったのだ。ギャンブルの街だからというわけではなく、危険な場所に暮らすということは、常に生きるか死ぬかのリスクを抱えながら生きることだと思い知らされた。

シャロンさんのご冥福を祈る。

PTSDの元軍人

こんな地下住人とも出会った。

幹線道路に沿った地下道の入り口、そこに設けられた鉄柵の前に男が立っていた。背の高い白人で、Tシャツにハーフパンツ姿。出で立ちはそこらを歩いている地元住民となにひとつ変わらない。

入り口を見下ろす通路にはハシゴが掛かっていたので、巨体による膝へのダメージを気にしていた私でも難なく降りることができた。まず男性に手を挙げて、こちらに敵意がないことを示す。言葉が通じない相手にコンタクトをとるわけでもないのに妙に慎重になってしまったのは、多少の緊張を感じ取っていたからだ。

「どうした?」

声が届く距離まで近づくと、男性のほうから話しかけてきた。

ビリーさん

「お話を聞きたくて」

「どういうことだ？　泥棒じゃないのか？」

「違います。日本から来たジャーナリストです。ラスベガスの地下に暮らしている人がいるというので、取材に来たんです」

「それは俺のことだな」

「あなたはここに暮らしているのですか？」

「そうだ」

男性はビリーさん（45歳）。12年前から地下に暮らしているという。地下住人の大ベテランと言っていいのだろうか。長く暮らしているだけあって生活スタイルが確立されており、普段は入り口に立っていることはあまりないそうだ。我々が遭遇できたのは、運が良かったからだろう。これも、私の日頃の行いがいいからである。あながち冗談でもなく、こうしたちょっとした「引きの強さ」が取材の命運を左右することも多いのだ。

さて、取材内容を伝えてビリーさんと交渉し、承諾してもらえた。地下生活のベテランの案内で、地下道を歩いていく。

「以前はこの入り口の近くに住んでいたんだが、泥棒が来るから奥のほうに移ったんだ」

ここまで何度か「泥棒じゃないのか」とか「泥棒かと思った」と言われたので、それほど盗みに入ってくるヤツが多いのかと思い尋ねてみると、穏やかなビリーさんの雰囲気が一変した。

「あいつらは、俺たちがホームレスだから、なんでも持っていっていいと思っている。暴力だって振るう。最悪な連中だ！」

激昂具合からして、よほどの恨みがあるのだろう。

「ほら、これも侵入者対策だ」

彼の指し示す暗闇にライトを当てる。そこには缶がいくつか転がっていた。よく見れば缶同士が紐で結ばれている。

「ブービートラップだ。音がしたら奥で迎撃する準備に入る」

「あの、もしかしてですがビリーさんは元軍人ですか？」

「そうだ」

小さく肯定した。いまはまだ追及しないほうがいいのかもしれない。

しばらく進むと、スーパーのカートが置かれた、天井が明るい場所に出た。天井が明るいといっても、側溝にはめられたフェンスから光が差し込んでいるだけだった。

「ここが俺の家だ」

椅子に座るビリーさんの落ち着きようは、まさに部屋の主のそれだった。

「それで、何が聞きたいんだ？」

「まずはどんな暮らしをしているのか、日常生活について教えてください」

「そんなことか、まずコレが……」

そう言って部屋の説明を始めたビリーさん。バッテリーを友達の家で充電してもらったり、ホテルへ行ってクーラーボックスいっぱいに氷を詰めてもらったりといった、生活の知恵を教えてもらった。風呂についても質問してみた。

「このあたりのホテルでは定期的に水を撒くんだ。敷地内に植えてある植物に水をやらなきゃならないからな。その水が下水に流れてくる。飲めないだろうけど、体を洗うぐらいなら十分に綺麗な水なんだよ」

「トイレはどうしてますか？」

「ホテルで済ませてくることが多いかな。どうしてもってときは、なにか容器に入れてどっかに捨てちゃうね。自分の生活空間の近くですると臭っちゃうし、衛生的にも良くないからね」

ビリーさんの懇切丁寧な案内を聞いていると、90度に折れ曲がり、焦げ跡のついたスプーンが目に入った。ほかにも使用済みの注射器が転がっている。

「あの……」

これが意味するところを聞くのはまだ早いような気がした。チラッと同行していた

Kディレクターを見ると、彼の口が開く様子もない。そのまま口をつぐんでいると、何事もなかったかのように部屋案内が再開された。しかし、少し目を離したすきにスプーンはどこかに片付けられていた。

「このカートは、壁にくくりつけられてますね」

「鉄砲水は恐ろしいんだ。いつもじゃないが、たまに天井まで届くほどの濁流がくることがある。何年か前には、すべての荷物が流されてしまった。手元に残ったのは出生証明書ぐらいだったよ」

カートを固定し、荷物が流れないようにするのは、長く暮らしているからこその経験から生み出された知恵なのだ。

「ほかにも大事なものとか必要なものは、別の場所にしまったりもしているね」

「休憩がてら、一服どうですか？」

長くなってきた話を区切る意味で、ポケットから出したタバコを差し出した。これが意外な反応を引き出してくれた。

「君は魔法の言葉を知っているんだね！」

嬉しそうに数本のタバコを受け取るビリーさん。そして、一本を口に咥えて火をつける。

「軍隊にいたんですよね?」

おそらく彼が最も語りたくないであろう「ここに暮らす理由」に踏み込んだ。一服したことで、彼との距離が近くなったと感じたからだ。

「パナマもイラクも行った。おかげで心をやってしまったんだよ。でも、国が悪いとか、誰かが悪いわけじゃない。俺の心の問題だよ。おかげで家族も失った」

「治療を受けたりしてやり直そうとか、再出発しようとか思わなかったんですか?」

「新しい家族を作ったり、再構築しようだって? 自分に向き合うだけで精一杯さ……」

辛そうな表情と、ドラッグを使った痕跡。これ以上の追及は必要がないと思った。

都市の地下に暮らす人の抱える孤独。それは、世界を牛耳るアメリカの軍事力の一端を担った兵士の末路だった。略奪者を警戒して張り巡らされたトラップが、国にも家族にも見捨てられた彼の心の壁にも思えて、安易に立ち入ることはできないのだと思い知らされた。

戦争体験、ギャンブル依存、家庭崩壊……。原因は様々あるが、彼ら彼女らに共通しているのは心に傷を負っているということだ。だが、その傷を癒やし、失ったものを取り戻そうとせずに、目を背けているだけのように私の眼には映った。誰に気兼ねすることもなく暮らせる地下水路は、そんな彼らにとって格好のシェルターなのかもしれない。シャロンさんのように前向きに生きているように見えた人であっても、絡んだ紐をほどかずに過去のしがらみは放置したままだった。垣間見たドラッグの存在が彼らの弱さを裏付けているように思えてならない。

　リゾートホテル群の放つ強烈な光と、一歩先も見えない地下道の闇の落差を思いながら、ラスベガスを後にした。

2 ニューヨーク

世界最大の都市の地下に人が暮らしている。不謹慎かもしれないがそれだけでワクワクした。いったいどんな人がどんな理由で暮らしているのかを探る。

モグラ人伝説

　ニューヨークの都市伝説の中で、もっとも有名なもののひとつに「下水道に棲む白いワニ」というのがある。ほかにも巨大ヘビがいるとか恐竜が見つかったとか、荒唐《こうとう》無稽《むけい》なものも多いが、私が気になるのはやはり、地下に暮らす「モグラ人（モール・

ピープル)」の存在である。

これらが単なる都市伝説ではないということを紹介しておきたい。「白いワニ」についてだが、ニューヨークの中心であるマンハッタン島内のセントラルパークの池や、ロングアイランド、ブロンクスの下水道、イーストリバーなどで過去に何度かワニが確保されたり、目撃されたことがあるという実話がベースになっているのだ。「白」という色が選ばれたのも、何万分の1の確率で生まれるとされる白変種、アルビノ種が生まれてもおかしくないぐらい、地下には独自の生態系ができているというイメージがニューヨーカーに根付いているからだろう。

「モグラ人」伝説にも、実際に地下に暮らす人がいたという事実が根幹にはある。噂が独り歩きして、釘バットで侵入者を撃退したり、ネズミを線路ウサギと称して食べるといった野蛮な一面を持つ、未知の部族のような「モグラ人」の都市伝説を形成していったのだろう。

ニューヨークの地下住民については、1980年代あたりから実在がささやかれていたが、行政はその存在を認めることはなかった。地下帝国を築いていたわけではなく、地上では生きていけない理由を抱えた人々が地下に集ったコミュニティがいくつもあったようだ。コミュニティといっても、助け合ったり、組織立って声を上げることはなかった。とはいえ、多いときでは数千人単位からなる「群れ」の存在は、無視

モグラ人……っぽいグラフィティ

できない社会問題だ。治安悪化を懸念した当局の判断により、徐々に取り締まられるようになり、２００１年に起きた9・11のテロがとどめとなった。交通インフラは、軍事施設と同じようにテロの標的となりやすい。地下鉄の警備の強化が一気に進み、線路脇や連絡通路に住み着いていた地下住人は、その姿を消した。

あれから16年が経過したいま、かつて「モグラ人」が暮らし、地下社会とまで称された場所は一体どうなっているのか。彼らもまた、ラスベガスのホームレスたちとは違った事情を抱えているはずだ。

地下へ

ニューヨークの地下探索。この大冒険を始めるにあたって、横井さんとのいつものやりとりがあった。

「ゴンザレスさん。来年早々に放送したいんですよ。お正月スペシャルとして！」

「それって僕に関係ありますか？」

「まあまあ、せっかくの取材なんですからたくさんの人に知ってもらったほうがよくないですか？」

「そう言われると、その通りなんですけど」

この後も、あまりにしつこく聞いてくるものだから、思わず私がいま狙っているの

副 **丸山**　『クレイジージャーニー』ではスラム取材が多かった僕ですが、誰もが知る二つの大都市に行きました。

横井　ラスベガス編には、大きな反響がありました。やっぱり、誰もがイメージできる場所に、想像もつかない闇が広がっているというギャップがあり、その衝撃が大きかったんではないでしょうか。ゴンザレスさんがいままで行ってきたところは、旅慣れた人の世界では有名ですが、一般の人からすれば、そうでもないんですよね。たとえばキベラスラムと聞けば、僕らは「え、あそこ行くの？」とドキドキワクワクしますけど、もしかしたら他の人にはピンとこないかもしれない。むしろ、名前を聞いてイメージが浮かぶ都市の裏側のほうが、対比としておもしろいのではないでしょうか。

がニューヨークの地下だと言ってしまった。

「実は前に放送されたラスベガス編が好評だったんですよ。いままでみたいに『誰も行ったことのない強烈な場所』じゃなくて、『訪れた人も多い大都市の裏側』っていうのが興味をそそったみたいでして。そうなるといいですよね、ニューヨーク！」

「それって、同行したいってことですか？」

「そうなりますね」


こうして思わぬ邪魔者というか、協力者というか、いつもの同行者ができてしまったが、情報収集や準備を重ねていって２０１６年の暮れにニューヨークに行くことができたのだった。

ところが、いざマンハッタンやブルックリン、クイーンズで聞き込みをしても「聞いたことはあるかな」程度の返事しかもらえない。摑みどころのない希薄な存在感。これでは、単なる都市伝説で終わってしまう。

とはいえ、この程度の聞き込みで音を上げるようではジャーナリストとは言えない。断られてからスタートするぐらいでないと、本当に必要な情報の断片すら捉えることはできない。蛇《じゃ》の道は蛇《へび》というが、ホームレスのことはホームレスに尋ねよ！

ということで、マンハッタンの路上で暮らす何人かに声を掛けてみた。「あそこは危ないから近づくな」と制されつつも、何人かは「公園のなかで見たことある」と、ある程度彼らが出没する場所[84]が絞れる情報をくれたのだった。

諦めずに聞き回った苦労が報われたが、まいったのは、日本から来たジャーナリストだと名乗ると、彼らのトランプ大統領への持論が延々と展開されてしまったこと。取材の本筋からは外れる余計な時間ではあったかもしれないが、たとえどんな立場にあろうとも、個人の思想信条を表明するアメリカ人の強さを実感した。

不穏な目のダイアモンド

訪れた地下道で、3人の住人に話を聞くことができた。3人とも、地下で暮らさざるをえない事情を抱えていた。大都市の影に生きる人々の本音に迫ってみたい。

すでに日が落ちた川沿いの公園。茂みの中にぽっかりと開いた穴から地下道に入る。

こんな小さな穴に本当に人が入れるのかと思ったが、穴のまわりにある足跡が新しいことから人の出入りがあるとわかった。穴の中は視界がほとんどないが、躊躇せずに踏み込む。

足先が、急な傾斜面に触れた。角度があるだけでなく、砂のようにやわらかい土の

84　ここでは、マンハッタン島の南部エリアとだけ記しておきたい。

山に足をかけていたらしく、一気に数メートルも滑り落ちる。その先には鉄柱が乱立する空間が広がっていた。ライトをつけると、誰かが持ち込んだ椅子やテーブル、マットレスといったものが障害物のように散らばっていた。まるで前衛芸術のように積み上げられた意味不明なオブジェらしきものまであった。

こんなところに暮らしていたらまともな神経ではいられないのではないか。その予感は的中することになる。

視界ゼロの暗闇を20〜30分も歩いた頃だろうか。狭い歩幅で歩き続けたので、時間はかかったが、距離はそこまでではないはずだ。それでも灯りのついた通路に出ると安心感があった。そこからさらに進むと、ちょっとした広場になっている空間に人が座り込んでいた。

「話をしたいんですが」

「いいわよ」

気さくに応じてくれたのは、ダイアモンドと名乗る自称23歳の女性。自称とわざわざ断ったのは、近くで見るとどうも老けていたのだ。バンダナを頭に巻いていて、ツルッとした卵顔。目はパッチリとしていて美人と言えなくもない。しかし、詰問調というか、キツく相手を問い詰めるような喋り方が彼女の印象を悪くしていた。どこか爬虫類のような目をしたダイアモンドに、地下の暮らしぶりを聞いた。

「ここでの生活って怖くないですか？　特に女性ひとり暮らしだと」

「怖い？　どうして。上よりこっちのほうが落ち着くじゃない」

「女性らしく整頓されていますよね」

相手におべっかを使うつもりではないが、少し話の幅を広げようと、周囲の様子についで触れてみた。

「ここにあるゴミは私が片付けたのよ」

たしかに見渡す限りにおいて、荷物は片付いている。だが、女性がこんな場所でひとり暮らしできるとは腑に落ちない。いや、違和感の正体をハッキリ言えば、彼女がさっきからずっと紙を何度も折りたたんでいる点だ。落ち着きがない領域を完全に超えて、もはや病的なほどに紙をいじり倒している。確信に至ってはいないが、ある程度の推論はできている。それを確かめるべく角度を変えていろんな質問を投げてみることにした。

「生活に必要なお金はどうやって稼いでいるのですか？」

「私は女よ。必要なときに十分に稼げるのよ」

売春婦をしているのだろう。だが、もっと気になるのが、彼女のパッチリと見開いた目と、妙な言動の正体だった。

「私は水陸両生類って言われるの」

「お兄ちゃんは殺されたのよ」
「子供がいたのよ、でもどこかに行っちゃった」

話を進めるうちに彼女の口からは、このように嚙《か》み合わない返答が繰り返されるようになった。さきほどは折りたたんでいた紙も、小さく細かく千切りだした。完全にアウトだろう。核心に触れてみるしかない。

「ドラッグをやっていたりしますか？」
「薬をやるやつなんてクズだわ。私はコカインを吸って、吸って、吸って……ああ、喉が渇いたわ」

疑惑が確信に変わったのと同時に、彼女が立ち上がって歩き去った。突然のことで呼び止められなかったが、これ以上彼女と話せることはない。それほどまでに会話が嚙み合わなかった。薬物中毒で精神疾患を抱えているのだろうか。具体的な事情まではわからないが、ここにひとりで住むだけの状況に地上で

ダイアモンド

は追いやられたのだろう。それでも、白い歯を維持して体臭もきつくないのは、彼女の生来の清潔感がかろうじて維持されているからだ。もしその矜持《きょうじ》すら失ったら、彼女はもう一段、堕ちるのではないか。それほどまでに危ういバランスを保っていることがうかがえた。

ミゲルの仕事

ホームレスの情報ネットワークは案外と当てになることが、ダイアモンドへの取材でわかったので、マンハッタンを中心にホームレスへの聞き込みを開始した。

路上生活をしていそうな40代後半と思しき男が「俺は大金を横領した罪を被せられて会社をクビになった」と訴えてきた。この手の自己主張はアメリカ人っぽいなと思いながらも、きちんと話を聞いてみる。ある程度話し終えて満足したところで、こちらの要望に応えてくれた。

男から教えられた場所は、ある通りに面した赤いドアが目印だという。近くにはパーキング。そんな手がかりを頼りにいざ現地に行ってみると、赤いドアには鍵もかかっていないし、それどころかわずかに開いていた。遠慮がちにドアを開けて、地下へと続く階段を降りていく。地下に着くと、さらに扉があったので開けてみると……こちらを睨みつける男がいた。

「ハロー、ナイストゥーミーチュー」

敵意がないことを笑顔で示す。こちらが東洋人で、たどたどしい英語だったことも幸いしたのか、男の不信感はいくらか軽減されたようだ。

「どうした？　なんの用だ？」

私に興味を持ってくれたのか、彼から質問をしてくれた。まずはじめに、こちらの素性と目的をきちんと伝える。日本から取材に来たこと、カメラも回しての取材をすることに同意をもらう。

「日本だけで放送されるんだよな？」

「そうですよ」

「それなら構わない」

意外なほどあっさりと承諾されたことに肩透かしを食らった。彼はコスタリカ出身の移民で、ミゲルという。無精髭の50代の男だが、地下でもう16年間も暮らしてきたそうだ。

「ところで、私が入ってきてすぐにドアのところまで来たのはなぜなんですか？」

「ここにはドラッグをやりに来る連中や泥棒とか、悪い奴らが来ることがあるからな。普段は出入り口の近くで過ごしているんだ。誰かが入ってきたらすぐにわかるようにな」

この場所が安全ではないことをあっさりと教えてくれた。そして、しばらく彼の案内についていくと大きなビニール袋に詰まったペットボトルが置いてある場所に出た。

「これが俺の仕事だ」

どうやらゴミのなかでもペットボトルを専門に集めているようだ。驚いたのはその稼ぎである。

「一日40~60ドルぐらいは稼げる」

「そんなにですか?」

「ああ。俺はいい狩り場を持ってるからな」

彼の言い分を信じれば、月に1500ドルは稼いでいることになるが、はたして本当だろうか。疑問は消えぬままに彼の寝室を紹介された。

柱の陰にあり、蚊帳《かや》で覆われたシングルベッドの縦半分サイズの布団。せっかくなので横になってみる。真冬には死者が出るほどに下がるニューヨークの外気を、これで遮断できるのだろうか。

「16年暮らしているが、ここに寝たのはお前が初めてだ」

ミゲルを若干引かせる結果にはなったが、これが意外と暖かい。マットと段ボールを重ねて、地面との接触を避けるような工夫も施されている。ニューヨークの冬を生き抜いた者ならではの知恵なのだろう。

感想を伝えると、嬉しそうな顔をしたミゲルが夏の生活についても教えてくれた。

「このあたりは蚊がひどいんだ。だから、蚊帳をつけた。コスタリカじゃこうやって過ごしていたからな」

蚊帳を張る理由も知れたのはよかったが、どうしても収入のことが引っかかる。

（上）ここでしか生きられない事情がある　（下）ミゲル

「毎日、現金を得て、こんな場所で寝る暮らしをしているのは危なくないんですか？」
「ここには俺ひとりしか住んでいないんだ。昔はたくさんいたんだけど、みんな強制退去させられたんだ。だから、盗むヤツもいない。それに貯金ができたら、穴を掘って埋めているんだ。そうやって6000ドル貯めたこともある」

「すごいですね。それだけ稼げたら、家族を持つことは考えなかったんですか?」

「それはないな。まさか、自分がこんな生活をするなんてな。自分のことだけで手一杯さ。それに家族はコスタリカにいるんだ。でも、複雑な事情があって、一緒に暮らすのは叶わなかった。結局、ひとりさ」

図らずも、ミゲルの孤独までも知ることになった。それが私に重くのしかかったことを察したのだろう。彼は明るく言った。

「ひとりで暮らすのには、ここは最適なんだよ」

16年間もひとりで地下生活を続けて身につけた警戒心と、質問に気さくに応じてくれる社交性のギャップ。そこには、彼の寂しさを抱えた本音が見え隠れしているように思えた。フレンドリーに接してくれる彼の口数の多さが、日頃の人付き合いの少なさを余計に物語っているように感じたのだった。

施設育ちのホセ

「セントラルパークの近くに住んでいるベテランの地下住人がいる」

ミゲルから教えられたのは、ホセという男が暮らす場所だった。ホセとの出会いには驚かされた。

ニューヨークの地下は、地盤となる岩が露出しているところが少なくない。場所によっては10メートル近い高さがあるだろうか。そんな頭上高くから声を掛けられたのだ。

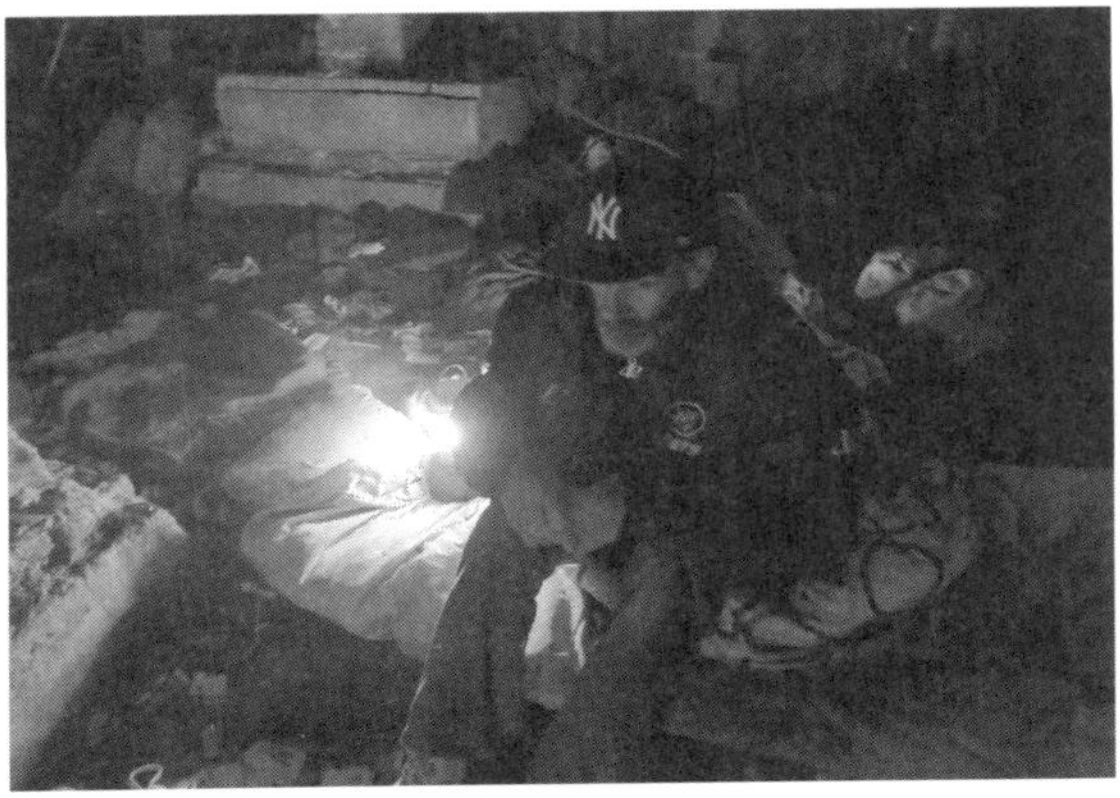
灯りがないと何も見えないホセの家

「そんなところにいないでこっちに来い」

「え？」

ホセが声を掛けてきた理由を説明した。

「そんなところにいたら警察に見つかるだろ。早くこっちに来るんだ」

ホセに誘われるがままに岩をよじ登っていくと、外からは決して見えない死角になっているスペースがあった。建物の基礎と地盤との隙間。高さは2メートルもない。

「ここは？」

「俺の暮らしているところだ」

おそらくミゲルと同世代ぐらいであろうホセ。服装はジャケットにキャップ、それにジーンズというニューヨークではありふれた格好だ。見た目だけではホームレスには思えない。

彼の居住空間を歩いていると、足元にプレッツェルが落ちていた。

「このプレッツェルって……」

なんとなく口にしただけのぼやきだったが、意外な返事がきた。

「10年前からあるぞ。前の住人が置いていったものじゃないかな」

「10年？　いつからここに暮らしているんですか？」

「親に捨てられて15歳まで施設で過ごした。それからずっとだよ。学歴もないから、まともに仕事にもつけないで、いまに至っているんだ」

さらっと壮絶な人生を明かすホセ。なんと返せばいいのかわからず、ほかの地下住人にも尋ねた質問を重ねるしかなかった。

「ここでの暮らしは気に入ってる？」

「この場所以外の生活を知らないからな。比較しようがないよ」

彼は地上から落ちてきた底辺生活者ではない。地下でしか暮らしたことのない男なのだ。家が地下にあるだけで、ニューヨークで生まれ育った生粋《きっすい》のニューヨーカーだ。

「オシャレですよね」

「そうか？　ニューヨークでは普通の服装だろ」

「そんなことないですよ。それで、いまはどうやって稼いでいるんですか？」

「服をゴミ捨て場から仕入れてタクシーの運転手に売って暮らしている。多いときで一日40ドルぐらいは稼げるんだ」

「そんなに稼げるものですか？」

「いい仕入れ先を知っているからな」

「お金を稼いでもひとりでここにいたら嫌になったりしませんか？」

　暗に、家族を持とうと思ったり、実際に持ったことはあるのかを探ってみた。だが、話は思わぬ方向に展開する。

「昔はよかったよ。たくさんの人が暮らしていた。この場所も3人でシェアしてたんだ。食べ物や雑貨店、風俗なんかもあった。15ドルから買える激安風俗だった。俺も通ったよ」

「風俗店ですか？」

　予想外の情報に思わず食いついてしまった。興味があったわけではない。断じてない!!

「人気店になりすぎて、強制退去のきっかけになった。あれから取り締まりも厳しくなって、いまじゃ俺しか暮らしていない」

「ここを教えてくれたミゲルとの交流はないんですか?」

「存在を知っているだけだよ。ここには自分を見つめる時間は十分にあるけど、他人と関わる気にはならないんだ」

けして強がりではない。ほかの生き方を知らないホセだからこそ、出てきた言葉だと思った。彼の境遇にこそ、ニューヨークだけではない、すべての都市が抱える闇が集約されているのではないか。たったひとりで生きる辛さはあるけれど、ひとりでもかろうじて生きられてしまう。悪いことではないが、もっと他人と関わってきたのなら、彼の人生もまた違ったものになっていたと思うのだ。15歳の少年が、地下に逃げ込むしかないという状況を生み出してしまった都市の罪を考えなければならないだろう。

都市の陰影

現在、全米に56万人いるとされるホームレス。そのなかの7万5000人はニューヨークに集中している。全体の約13%。この数値を多いと捉えるか少ないと捉えるかは議論のわかれるところかもしれないが、ここ数年で40%増だといえば、ニューヨークの抱えるホームレス問題が深刻になってきているのがわかるだろう。

元々家賃がそれほどでもなかったソーホーやロウアー・イースト・サイドといった

地区の家賃はこの数年で14~40%も上昇したという。地域によっては空き店舗も増え、ドーナツ化現象が起きている。ハワイのホームレス増加も、家賃の高騰が最大の要因だった。

しかし、ラスベガスのホームレスたちは家賃高騰だけでなく、様々な理由から地下水路での特異な生活を選択していた。彼らは、生活スタイルのひとつとして地下暮らしを選び取り、決して全員が地上に戻ることを望んではいない。

ギャンブル依存、離婚、ドラッグ、PTSDなどの理由でアメリカ社会からはじき出されてホームレスになってしまったのも、自らの選択の結果だからと、妙に納得しているようなのだ。日本に暮らす私にとっては、とても不思議な感覚の持ち主に映った。この「悲愴感のなさ」に強く好奇心を刺激された私は、彼らを「自己責任大国アメリカが排除した弱者」とみなさず、「たまたま地下に住み着いた人たち」と、あくまでフラットな気持ちで取材するように心がけた。

「ホームレスに失礼だろう」と言われるかもしれない。たしかに、現状を他人に知られたくない人もいるだろう。日本でホームレスの取材をしていたときも、人によっては話しかけただけで殴りかからんばかりにブチギレられることもあった。

だが、ラスベガスやニューヨークで会った地下住人たちは、人嫌いだったりとか、なにひとつ話したくないだとか、極端に偏屈だったりすることは稀で、基本的には人好きのおしゃべり好きだった。こちらが蔑《さげす》みの目で見たり、敵意を持ちさえしなければ、いたって健全なやりとりのできる相手だ。

むしろ、地下住人よりも、地上にいるホームレスのほうが不健康そうに見えた。街を歩いていて、彼らがみな若く、そしてうつろな目をしていることに気付いたのだ。ホセやミゲルら地下住人ははっきりと指摘していた。

「まともな神経では地上で暮らせない」

なぜ地上はそれほどまでに苛酷なのか。私の仮説としては、ドラッグの流行があるように思う。2~3年ほど前からニューヨークではヘロインが流行しているのだ。若者のホームレス化が問題視されたのもこの時期からである。

時期を同じくして、ヘロインを売りさばく売人が増えた。これ以上は推測の域を出ないものの、メキシコなどの麻薬カルテルの意向が反映されているのは間違いないだろう。

麻薬カルテルはアメリカをドラッグ消費地としてしか考えていない。取り締まりが厳しくなればしばらく地下にもぐり、ほとぼりが冷めれば再びドラッグを売りさばく。

防止策として、トランプ大統領の掲げる、国境に壁を建設する案が出てくるのもうなずける。不法移民と麻薬の密輸は、いまだにセットであることは間違いない。

ただ、壁の建造は多額の費用がかかるうえに、すでに一部の地域では強固な検問が存在している。インフラを拡充するよりも、見直すべき政策や整えるべき制度があるはずだ。

強烈な個性を発揮して、暴言を吐き続けるトランプ大統領。いくら移民政策を見直したところで、トランプの掲げる「偉大なアメリカ」が戻ってくるのかは、現段階では甚《はなは》だ疑問である。ラスベガスとニューヨーク、アメリカの光り輝く大都市の影を見て回ったことで、この国の病理は、簡単に治療できるものではないと強く感じた。これは、遠い国で起こっている出来事ではない。停滞の原因を外に求めて、自国の弱さから目を背け続ける日本にも、地下住人を生み出す土壌は既にできあがっている。

世界で起きている問題は、いずれ日本にも突きつけられる。それも、ひとつの原因を取り除けば解決するような問題ではない。世界は混沌として、在り続けるのだ。

対談

丸山ゴンザレス×TBS・横井雄一郎

よこい・ゆういちろう
1981年神奈川県生まれ。2004年にTBSテレビに入社。『学校へ行こう!』『リンカーン』『キングオブコント』『ドリームマッチ』などを担当。『クレイジージャーニー』を立ち上げ、現在は演出として番組の舵取りを担っている。

『クレイジージャーニー』制作秘話

丸山　今日は、『クレイジージャーニー』の演出を担当されているTBSの横井さんにお話をうかがいたいと思います。まず、『クレイジージャーニー』がどうやって誕生したかについて教えてください。

横井　新番組の企画書を出し続けてもなかなか通らず、悩んでいた時期がありました。そうしたら、上司に「お前の好きなことを一回突き詰めて、形にしてみろ」と言われたんですね。それで頭に浮かんだのが「一人旅」というテーマです。僕自身も外国の文化に魅かれて、学生時代からあちこち行ってましたから。もうひとつ浮かんだのは、松本人志さん。松本さんも旅行は好きだけど、飛行機が苦手だと聞いたことがあって。だったら松本さんに、インドの路地裏とか、普通はテレビカメラは行かないけど、ソワソワドキドキする場所を見せたら、どんな反応が返ってくるんだろうと考えたわけです。

丸山　松本さんにバナナマンの設楽統《したらおさむ》さん、小池栄子さんと、MCの3人が豪華ですよね。

横井　予算が少ないことを番組内でもネタにしていますけど、「あの3人をキャスティングしたからお金がないんじゃないの?」とよく言われます（笑）。でも、松本さんは「この番組に出ることが社会勉強だと思ってる」と言ってくれて。出演料が多少安くても得るものがあるから、出てくれているんだと思いますね。

丸山　ジャーニー[85]はどうやって選んでいるんですか?

横井　基準は「思いの強さ」と「向こう見ずなところ」。その度合いの強い方たちに出ていただいています。自分の生活や、身の安全や命よりも好きなものがあって、そのためにひた走っている人たちですね。

丸山　佐藤（健寿）さんや僕のことも以前からご存じだったんですよね。

横井　はい、佐藤さんの本も読んでました。僕ゴンザレスさんの『奇界遺産』や、が海外を一人旅するとき、もちろんジャーニーの皆さんとは違って、目的は世界遺産を見に行くことなんですけど、その道中にある路地裏や、ちょっと危なそうな人がいる場所が目に付くんですよね。「あれ、ここなんか怖そうだけど、小走りで通ってみようかな?」って。そういう普通の観光とは違う旅をもっとしてみ

85　出演者のこと。

たいと思っていたら、本屋さんでゴンザレスさんの『アジア「罰当たり」旅行』を見つけたんです。こんな視点で旅をしている人がいるんだ！　と、熱心な読者になりました。

丸山　それでお声がけいただいたんですね。

横井　ゴンザレスさんの旅には、「目的」がありますよね。その場所へ行くことが最大の目的ではなくて、そこへ行ったらこの問題について調べたい、この謎を解き明かしたいという目的がある。それがすごく大事なんだと思います。怖いもの見たさで危ない場所に行って、「どうだ、すごいだろ」と見せる映像なら、ネットでも見られますからね。

丸山　ただ「ここに行ってきました」で終わらせるのではなく、「お土産」を持ち帰ろうとは心がけています。佐藤さんともたまに話すんですけど、『ジャーニー』の取材が終わってスタッフさんが帰国した後も、できるだけ残りたいよねって。前乗り[86]もよくしますし。探求心、好奇心が強いのかもしれないですけど、そこを横井さんに見つけてもらえてよかったです。

横井　好奇心や探求心が強いからこそ、取材を途中で投げ出したりしない責任感も強くなるんだと思います。その点は、ジャーニーのみなさんに共通している点ですね。

86　事前に現地入りすること。

ありのままを伝える

丸山　『ジャーニー』のロケは、基本的にディレクターさんと僕の二人で行って、横井さんは日本で待っていますよね。とくに僕は危ない地域に行くことがほとんどですけど、安全面で気をつけている点はありますか？

横井　渡航先に関しては、外務省の渡航情報で赤くなっているところ[87]はダメ。後は、ジャーニーの方と相談して、「こうなったら引く」という線を決めています。現地に着いたら、ディレクターから毎日連絡を入れてもらいます。現地時間の日中に連絡がないと安心なんですよ。「うまくいっています」という報告が夜になれば入りますから。でも、日中に電話がかかってくると、何かあったのかとドキッとしてしまう。まあ、取材先での判断は一番慣れているゴンザレスさんに委ねてますけども。

丸山　とはいえ私が取材中止の判断を下したのは、バングラデシュ編だけですね。

横井　そうですね。実は、バングラデシュはちょうどその1年前にもロケ先候補として挙がっていたんです。でも、日本人が殺されるという事件[88]が起きて、ＩＳが犯行声明を出した。それで延期したという事情があったのに、またテロ事件が起きたと聞いて、すごく焦りましたよ。ゴンザレスさんたちが国外に脱出できるルートがあるのか日本でも必死に調べました。

87　危険度レベル4で、退避勧告が出ている地域。

88　２０１５年10月、農業を営む日本人男性が銃撃され死亡した事件。

丸山　チッタゴンを離れて、（テロの起きた）ダッカに僕だけでもしばらくいようと思ったんですけど、別行動をするのはディレクターさんにとって危険すぎる。結局、一緒に帰国しました。こうして各地でディレクターさんが撮ってきた大事な映像が、どう編集されていくんでしょうか。

横井　まずディレクターがつないできた映像を僕が見て、ナレーションを考えていきます。でも、編集前の素材も全部見ちゃうんですよ。ディレクターはカットしている箇所でも、「この道の奥ってどうなってるんだろう」と見はじめると止まらなくなっちゃって。街中の様子をもっと見たいから、使う映像を長くすることもあります。

丸山　横井さんの、旅人としての目線を感じます。キベラスラムのヤギのシーン[89]を使ったのも横井さんですか？

横井　そうそう。「あれ、ヤギがいる」と気づいたんですよ。ディレクターがカットするのも当然なんですが、興味が止まらなくなっちゃって復活させたら、松本さんにもウケて、クリーンヒットしましたね。

丸山　スラム街の日常に焦点を当てたわけですね。

横井　スラム街の生活だったり、メキシコ麻薬戦争の現実だったり、現地で起きていることを淡々と紹介するべきだと思ってやっています。「かわいそう」とか「ひどい」とか、こっちの価値観で判断するのは違いますよね。そこに住んでいる人

89　キベラスラムを歩いていた丸山が、ヤギの群れを発見。「ただ集まっているだけですね」というコメントが謎の情感を残した。

の生活を尊重して、貧困生活のなかで、電気をどうやって引いているのかといった日常をありのままに伝えるようにしています。

最終回はどうなる!?

丸山　横井さんもロケに行きたいんじゃないですか？

横井　行きたいですね。レッドブルのエアレースの回[90]は、「飛行機をいろんな角度から撮る必要があるから、複数台のカメラが必要だ」と、強引に仕事を調整して僕も行きました（笑）。でも僕が同行したら、寄り道ばっかりで撮影に何日もかかっちゃうと思います。

丸山　そうかもしれませんね。キベラスラムでは、「魔女の店がある」と聞いたんですけど、いつ開いているのかもわからないし、行くまでに数時間かかるという。だから他の取材を優先させるために諦めました。横井さんだったら行ってたでしょう。

横井　確実に行ってますね。でも、ゴンザレスさんの取材って怖いから、カメラを回せないかも（笑）。

丸山　ディレクターさんたちはまさに猛者《もさ》ですよね。「銃に見えるからガンマイクを外しておきます」とか「夜なんで、カメラのライトをテープでふさいで、目立たないようにします」とか、ちょっとしたトラブル予防は難なくやってくれる。ただ、みなさん揃いも揃って偏食でした。タフなのに食の好みは厳しいんだ

90　パイロットの室屋義秀氏が出演した。

と、そこが意外でした。

横井　いやいや、僕も無理です！　「パクパク」[91]も、牛の頭もいくら火が通っているとはいえ、口にするのはちょっと……。いつも「うわ……」と思いながらゴンザレスさんが食べるシーンを見ています。

丸山　いつか、カットされた食べ物シーン集は見てみたいですね。キベラスラムやトンドでもいろんなモノを食べてますから。食べ物はその地域の日常を知るのにもってこいの材料です。僕がとくに印象的だったのは、インドで、食肉処理された鶏がぶら下がっていたところ。その真下に生きた鶏がいて、こいつらもいつか……と思わされる。向かいにはカレー屋が並んでいて、みんなそこの鶏肉を使っていました。

横井　インド編は大変でしたね。

丸山　今後の『ジャーニー』はどうなっていくんでしょうか？

横井　いまのやり方は保ちつつ、扱うテーマや間口は広げていきたいですね。開始当初はMCの知名度と僕らの情熱しかありませんでしたが、いまは幸いなことに、過去のジャーニーたちが番組の名刺代わりになっています。「リヤカーマン[92]をちゃんと取り上げてくれてるのか。なら、この人も紹介してあげていいよ」とか。でも、番組を延命するためにジャーニーの方々の「強度」を下げたくはないんです。タレントさんが海外に行かされるんじゃなくて、行きたくてたまらない人が行く。その熱量がおもしろいと思っ

91　ファストフードの残飯を再調理したもの（「はじめに」参照）。

92　リヤカーを引いて地球一周分を踏破した永瀬忠志氏。

ています。

丸山　クレイジー度を下げるつもりはない。最終回はどんなものを考えているんですか？

横井　夢ってことで言わせてもらえば、インド洋に浮かんでいる北センチネル島に文明との接触を拒んでいる部族がいるみたいなんですよ。そういうところって世界にまだいくつか残されているらしいんです。だから、ゴンザレスさんとかジャーニーの皆さんと一緒に潜入して、イチかバチかで接触をしてみたいです！

丸山　本当にクレイジーですね（笑）。

おわりに

「ゴンザレスさんですか？」

佐賀県で取材中に立ち寄った図書館で、女性の二人組に声を掛けられた。海外旅行が好きで『クレイジージャーニー』を見ているという。将来はワーキングホリデーか海外留学をしようと思っていると教えてくれた。

こんなところにも私のことを知っている人がいる。そう思うと不思議な感じがしたのは確かだが、着実に認知されていっているという実感はある。その反面ではジャーナリストやライターとしての活動に関する懸念も生まれている。たとえば、日本国内での潜入取材がやりにくくなったとか、インタビュー相手が私のことを知っていて私のほうが質問攻めにされるとか、そもそもジャーナリストだと思われていないとか、とにかくろくなことがない。

だが、いろんな人から認知されるリスクを負ってでもやりたいことがあるのだ。

「世界はいま、よくない方向に進んでいる」

これは、昨今よく耳にする言い回しで、この後に続くのが、

「多くの有識者が指摘する」

これである。

ここに反発心を抱いてしまう。私は誰かの指摘ではなく自分の体感として世界で起きていることを知りたかった。本書に収録したのは、そんな私が取材してきたここ数年の成果である。さすがに「世界を知る」とまで言い切ってしまうと少々大げさかもしれないが、少なくとも世界を動かす大きな〝うねり〟を自分なりに見てくることはできたと思う。

そういったものを取材するのに裸一貫というわけにはいかない。入念な準備をするためにコネクション、資金、時間が必要となる。なによりも取材の後で知ったことを伝える場が必要なのである。TwitterのようなＳＮＳではなく、精査した情報をきちんと執筆した形で発信する。そのためには、ある程度は私も知名度を高めることがどうしても必要だった。

その知名度を得るためにテレビ番組などメディアへの出演を続けてきたというのが正直なところである。だが、冒頭でも書いたように知らない場所で見ず知らずの人に声を掛けられるという体験を通じて、自分の発信する情報が影響を与えることもあるのだと、さほど想像力を巡らせずともわかる。

そうやってかつて自分が憧れたジャーナリストや旅行作家のような立場にもしかしたら近づいていってるのかもしれないなと思ったりするのである。

さて、本書『ダークツーリスト』は、いま世界が直面しているいくつかの大問題を組織に属さない個人のジャーナリストとして取材し、私の目線で考察しまとめたものである。その題材となる問題を解き明かすために必要と思えばスラム街や薬物の取引現場にも踏み込んだ。もちろんリスクはあったし、無傷では済まなかったこともある。それでも、結果として生きて日本に戻り、この本を書くことができたのだ。そこには、私の仕事を支えてくれる多くのプロフェッショナル、また、支援してくれる人や、応援してくれる人がいたおかげだと思っている。

これまでの物書き人生のなかで、あまり人に感謝することはなかったが、さすがにいまは感謝したいと思う。

これまで取材に協力してくれたすべての人たちに「ありがとうございます」と言いたい。また、これからの取材に協力してくださる人たちには「よろしくお願いします」といまのうちに言っておきたい。

これから先、どこを取材するのか。多分に世界情勢に左右されることだろう。それでも、世界の〝うねり〟を見たい気持ちを大事に、あくまで自分なりのジャーナリストとしての活動を細々とでもいいから続けていきたいと思っている。

本書は、「現代ビジネス」ならびに「ＦＲＩＤＡＹ」に発表された記事をもとに、加筆・修正してまとめたものです。

丸山ゴンザレス

1977年、宮城県生まれ。考古学者崩れのジャーナリスト・編集者。國學院大学大学院修了。無職、日雇い労働などから出版社勤務を経て独立。現在は国内外の裏社会や危険地帯の取材を続ける。國學院大学学術資料センター共同研究員。著書に『アジア「罰当たり」旅行』（彩図社）、『アジア親日の履歴書』（辰巳出版）など。人気番組「クレイジージャーニー」（TBSテレビ系）に危険地帯ジャーナリストとして出演中。

世界《せかい》の混沌《カオス》を歩《ある》く
ダークツーリスト

二〇一七年七月二五日　第一刷発行
二〇一七年九月二一日　第三刷発行

著　者　丸山《まるやま》ゴンザレス

装幀　坂野公一（welle design）
イラスト　師岡とおる
本文デザイン　勝浦悠介

発行者　鈴木 哲
発行所　株式会社講談社
東京都文京区音羽二-十二-二十一　郵便番号一一二-八〇〇一
電話　［編集］〇三-五三九五-三五二二
［販売］〇三-五三九五-四四一五　［業務］〇三-五三九五-三六一五
印刷所　慶昌堂印刷株式会社
製本所　株式会社国宝社

ISBN978-4-06-220625-9